三缘堂藏瓷集萃

宋凌晨 著

江苏凤凰美术出版社

江苏省古陶瓷研究会理事

江苏省书法家协会会员

三綠堂藏瓷

丁酉秋月邗上
錢偉鵬書

书法　　释文：上下求索

序一

　　扬州自古物华天宝、人文荟萃,是华夏繁华之地。特别是隋唐及清代康乾盛世,扬州作为重要的交通枢纽,世界各国及国内品种繁多的物资和生活用品在此交易,其中包括瓷器等艺术品。

　　扬州地处大运河畔,古陶瓷的历史遗存丰富多彩,品种繁多。认识宋凌晨瓷友,是我在扬州文物培训中心"全国古陶瓷鉴定提高班"上讲课时,他在课间拿了一件"青花斗笠高足杯"让我鉴定,当时我眼睛一亮,这分明是一件元代青花瓷器。青花发色蓝中闪紫,胎体轻薄、工艺精美,只可惜口沿稍残,却也难得一见,是元代青花瓷器的精品。

　　小宋是业余古陶瓷爱好者,虽为机关工作人员,但对中国古代陶瓷文化情有独钟,多年来利用业余时间,通过理论学习、交流实践和窑址考察,收集了大量的瓷片、残器以及完整器。藏品中主要包含唐、宋、金、元时期较多的窑口。其中元代青花瓷器的一些藏品尤其罕见,如元代青花执莲童子仙鹤纹花口砂底小盘、龙纹玉壶春瓶、扁壶、爵杯等残件,在民间收藏中尤为难得。

　　一晃几年过去了,前不久我再到扬州,听说小宋的"宋凌晨古陶瓷工作室"开门迎客了,他又被"江苏省古陶瓷研究会""扬州收藏协会"聘为理事,可见他的理论和实践都有很大的提高,上了个台阶。近期,他还将编纂《三缘堂藏瓷集萃》,展示部分收藏的古陶瓷精华。因书中标本、残器大部分出自扬州及周边地区,从中也见证了扬州在"一带一路"海上丝路中的痕迹,揭开了扬州古代陶瓷遗存的冰山一角。与此同时,他在书中也分享了其多年古陶瓷研究的心路历程及其独到见解和收藏之乐。

　　我在欣喜之余,特写上几句,以示祝贺并代为序。

张浦生

2019 年 10 月于南京

序二

陶瓷千般皆史诗

——为宋凌晨同志《三缘堂藏瓷集萃》而作

贺云翔

2019 年夏天,收到江苏省古陶瓷研究会理事宋凌晨同志寄来的《三缘堂藏瓷集萃》书稿,嘱我为之写序,竟因事务繁杂,拖沓至今,逢新型冠状病毒肺炎流行期间而闭门不出,才得空捧读凌晨的书稿,在此先向凌晨同志致以歉意!

凌晨此书收各类陶瓷标本达 200 多件,经询问,这些标本大多来自扬州。几十年来,他平时工作之余,常走访建筑工地,在挖土机下不怕辛苦,精心采集,有的甚至是从渣土车或堆土场抢救而得,因此,书中所收陶瓷虽多为残件,然而亦弥足珍贵,因为它们是中国数千年陶瓷的吉光片羽,是扬州这座国际性文化都市的物质史篇。

综合而言,我读了《三缘堂藏瓷集萃》书稿后有三个感受。

一是从中可以感受凌晨同志的苦心和汗水。中国陶瓷博大精深,这是文物考古界和国内外公私收藏界的共识,要依靠一己之力和业余采集方式在浩如烟海的历代陶瓷品种中捕捉到有代表性的标本,这是一件极其艰难的事。纵览全书,凌晨同志所藏残瓷可谓多属精品,让人一看便知其中不知经历了多少个风风雨雨,耗费了多少时间和心力,做过多少次抉择和取舍。从书中每件标本的文字书写,也可认识到他对这些标本的造型、时代、窑口、装饰、工艺特征,与国内外文博机构相关藏品的关系等都颇有研究,用力之勤一目了然,让人敬佩。对读者而言,他完成的这部书,也是一种造福社会的"开卷有益"之举。

二是从中可以感受凌晨同志对收藏的独特眼光和良好的学术素养。这方面可以从书中所录标本归纳出三点:

第一,力求在时代上贯通上古、中古和近古,书中时代最早的标本为春秋战国时期的印纹硬陶器,次为汉代原始瓷器,再为三国两晋南北朝的瓷器、瓦当、文字砖等,此后是隋唐宋元明清诸窑口,最后一件是清代晚期的紫砂挂釉罐。可以说一书在手,2000 多年的中国陶瓷精彩可品可赏,如诗如画。

第二,高度注意所收标本的典型性、窑口的代表性、造型和装饰的时代性。扬州是南方城市,但由于它是中国南北大运河的核心城市,天时地利让它拥有更多的优质瓷器,同时也拥有崇高的文化品位,凌晨正是受惠于这座历史文化名城,通过自己不断的学习和研究,把书本与实践相结合,又紧紧抓住改革开放以来城市建设迅猛展开的机遇,从而收集到大量珍奇标本,可以说,这些标本无论是器型还是纹饰,都足以反映自汉代到清代相关窑口的典型器种和装饰特点。即使是同类器,也力求更加经典,如连体底座的唐长沙窑绿釉油盒、唐长沙窑青釉诗文盏;晚唐五代越窑刻划凤纹大盘片、五代北宋越窑刻划凤鸟穿花纹残盘;宋代官窑、汝窑、哥窑残件;非窑址所出的正品"供御"款建盏片;元青花大雁穿花纹扁壶、元青花月映梅斗笠高足杯、元青花八大码海碗底片、元青花拱捏工艺赏盘片;元枢府釉模印五爪龙"公用"款高足杯;明嘉靖景德镇窑蓝釉刻花龙纹碗片、明万历青花釉里红瑞兽荷花纹瓷片、明万历"时大彬"款紫砂壶底片;清康、雍、乾三朝的青花、郎绿、斗彩、青花釉里红、霁蓝、红釉、紫金釉等各种釉装饰和不同纹样的标本等。对同一类器物或同一个窑口,也力求前后相续,明其演变,如书中所示从唐、五代到北宋的越器;元明清三代的青花瓷历程;从北宋到南宋的湖田窑之演进;唐宋元明清历代人像面塑之变化,都可以给人许多关于瓷器发展历史的知识。这些标本对他本人而言可谓"天道酬勤",而对社会而言,则是学习和研讨中国瓷器历史的珍贵实物教材。

第三,凌晨的藏品大多具有审美性。瓷器审美,一是造型美,二是釉色美,三是纹饰或画像美,对残器而言,还要加上由残缺而带来的想象美。通观书中所录标本,绝大多数都有这些审美特点,从各式器物形态到人物、佛道、动物瓷塑;从不同窑口不同釉面的交相辉映到瓷器上的或刻划、或书写、或描摹、或想象的各种纹饰、故事、诗文;从少量修复后的完整器到更多的残器碎片以及国内外相关完整藏品资料的比较分析;从块面到线条,从具象到想象,从实物藏品到书本中的图文,都给陶瓷爱好者带来了丰富多彩的审美享受。

三是让我们感受到这些标本反映了扬州及附近地区经由陶瓷所呈现的文化上的非凡地位。扬州的历史有两部"巨著":一由历史文献所构成,二由文化遗产所书写,而后者则包括地上地下的各类实物和非物质遗产。古代陶瓷作为先民生产生活的孑遗,它们是历史的见证者和传承者,从凌晨同志书中的标本资料,我们可以触摸到扬州在古代的文化辉煌:汉代扬州的古朴敦厚,隋唐扬州的恢宏大气,五代扬州的惊鸿一瞥,宋元扬州的美名远扬,明清扬州的清新雅致。面对书中的标本资料,人们很容易会发现,为什么唐代来自长江中游的长沙窑器,黄河中游的巩县窑器、邢窑器、定窑器,宁绍平原的越窑器,淮河中游的寿州窑器等等,能够汇聚扬州,而且其中不乏稀见之物? 为什么五代时期那么精美的越窑秘器会光临扬州? 为什么来自东海对岸的高丽瓷器会在扬州出现? 为什么大量珍贵的元代青花瓷器会独宠扬州? 如此的问题还有许多,在它们的背后当然隐藏着解读唐代的"扬一益二"、五代的杨吴国首府、两宋的"淮左名都"、元代的国际港口、明清的运河重镇等扬州历史的密码。也可以说,这些瓷器标本是扬州千年历史的一首首诗文、一段段篇章,它与其他的相关史料相互补充,就可以给我们展现极其丰厚鲜活的扬州文化的漫长历程和伟大创造。

当然,不管是文字的历史还是实物的历史,都是可以反复解读的,见仁见智,都是美谈,这才是凌晨同志的藏品和本书的另一种魅力所在。要说书中有何遗憾,就是当年凌晨同志在采集这些标本时应当把它们的出土地点记录下来,同时在书中也能一一说明它们的空间位置。那样这本书的科学性就会大大提升。为什么我要说这一点?我们知道,今天,扬州市有着强大的考古力量,包括中国社会科学院考古研究所的唐城考古队、江苏省考古研究所(南京博物院考古所)、扬州市文物考古研究所等,他们是地下文物发掘抢救的主体。我在1982年和1984年,也曾参加扬州高邮神居山汉墓(天山汉墓)和扬州唐城南门遗址的发掘,近些年还会不时去扬州参观一些朋友们主持的考古发掘工地或在那里做一些田野调查。凡是正规的考古项目,每一件(种)文物遗存在出土时必须给予位置的确定,这是科学考古的基本要求,因为任何一件文物遗存,失去了它的位置,就无法讨论它和特定人群的关系,而离开人的因素,一件文物的价值就要大打折扣。作为民间陶瓷爱好者,我们在一些建设工地采集陶瓷标本时,如果也能记录下它的准确地点,岂不可以让我们的标本更有意义,这样,当这些标本成为一种科学资料对社会公布时,我们的工作就变成对科学考古事业的一种有益补充了,这样的事业我们又何乐而不为呢!

最后,我还要为凌晨同志的为人讲几句话。他之所以能够为这些陶瓷标本刻苦攻坚,不辞辛劳,来自他对中华优秀传统文化和对扬州这座文化古城的特殊情怀。他生长于扬州,热爱脚下这片土地,深受故土文化的熏陶养育。他曾在扬州市柴油机厂团委工作,后来还担任过扬州市汶河街道人大工委主任兼文联主席,青年工作、人大工作和文化工作以及古汶河区域的千年文脉,都对他的生活情趣、精神追求和人生境界产生重要影响,所以,他愿意把时间、智慧,还有他的工资收入投到收藏古陶瓷标本这项事业中,其实,这在许多人眼里是个"傻冒"才做的事情。为此,对凌晨同志的刻苦坚守精神、文化保护精神,还有通过编写此书向社会分享他的收藏资料的精神,都一并表示我的敬意!

(贺云翱,现任第十三届全国政协委员,南京大学历史学院教授、博士生导师,南京大学文化与自然遗产研究所所长,江苏省古陶瓷研究会会长)

好玩的人

　　"业精于勤荒于嬉,行成于思毁于随。"社会是一个大舞台,我们都是演员,都在扮演着轻重不同的角色。在历史的长河中,角色不分大小,小角色可有大作为。短暂的人生,如何取舍,活得充实,玩得愉快,少有后悔,多留精彩,这是我常常思考的问题。

　　人活着,除了生活工作,家人安康,子女幸福,还能做些什么? 我觉得,人活着,要有希望。应该为想要的活法去不遗余力地奋斗,有目标、有追求,这样活着才有动力、有奔头。"少壮不努力,老大徒伤悲。"人生没有"后悔药",寸金光阴,不可重来。如果一天重复一天,除了吃喝就是睡觉,不是打牌就是说笑,追求上不切实际、好高骛远,在工作中平平淡淡、无所事事,在生活上浑浑噩噩、得过且过,这样枉过一生,后悔无门,最终会被社会抛弃和遗忘。

　　"人无癖不可与交,以其无深情也。"英国哲学家罗素曾说过:一个明智的追求快乐的人,除了培养生活赖以支撑的主要兴趣之外,总得设法培养其他许多闲情逸致。我认为,兴趣爱好和工作吻合,好是好,但也太累,没有张弛。如既有交集,又相对分开,动静结合,收放自如,这样更好。"喜共紫瓯吟且酌,羡君潇洒有余情。"兴趣爱好是修身养性的东西,是一块温馨浪漫的小天地,做"无用"之事,切不可有负担、有功利,梦寐以求,刻意为之。否则达不到怡情欢愉、水到渠成的状态。闲暇之余,三五知己,沉浸其中,无拘无束,焚香听琴,品茗问道,一觞一咏,畅叙幽情……神往古人的生活情趣,追慕上人的艺术品位,乃人生一大乐事也!

　　我的书斋号——"三缘堂",拜请著名书法家王冬龄先生题写。三缘的寓意即情缘、人缘、艺缘,感叹一生得一伴侣、得一知己、得一爱好足矣。我对古陶瓷、书画、赏石、明式家具、根艺等都有兴趣,但对古陶瓷情有独钟。汪曾祺先生说:人活着,就得有点兴致。就如他所说,生活是很好玩的。我的兴趣爱好都是从"玩"开始,扬州话俗称"玩的"。玩非嬉,到一定程度,此"玩"非彼"玩"。追求"玩"的过程,就是在放松的状态下,没有任务式的压力影响,在不知不觉中走进学术艺术的殿堂,在忘我中找到自我,升华到一种境界。"玩"就要玩出名堂,玩出品位,在其中享受过程、体验快乐、感悟人生。我觉得,收藏的真谛是收得到、藏得住。对自己心仪之物视若生命,以至痴迷,才谓之真正的"玩家"。我请著名篆刻家姜桂林先生定制了一方印章——"好玩的人",以示励志和自勉。

　　出书的想法是留痕,回味过程,不求耀目,只为留下美好的记忆。人到一定年龄阶段,总想着对自己的过去作一小结。朋友圈的不少同行或多或少出了一些书,自己心里也痒痒的。下决心准备出书了,但又顾虑重重:自己收藏平平,艺术造诣不高,出书会贻笑大方。瞻前顾后,有点胆怯。也想着等一等,万一还有好的东西和心得没有收录进来,留下遗憾。后再想想,心里坦然了,人生就是这样,考虑得越多,顾虑就越多,也就失了初衷,最终"舍得"占了上风。

　　有舍有得,舍之乃得,该舍应舍,谓之大得。天下宝物,不可尽得,过手拥有,舍之心得。遗憾也是一种艺术、一种美。它会从另一层面引导你纵身努力,催促你不断收获归纳、不断感知领悟、不断追寻探索。人生不可逆转,没有轮回,应把握当下,"该出手时就出手",无怨无悔。

"欣于所遇,暂得于己。"人生在世,白驹过隙,藏宝舍间,逝不可得,心境造化,怡然自得。我们都是艺术品的暂时保管者,最终还是社会的财富。艺术品无国界,国粹和不可复制的艺术品是人类的瑰宝和文化遗产,应广而告之,视觉盛宴,华章共享。

古陶瓷是不可再生的珍稀资源,它蕴含了古代文明的密码,凝聚了劳动人民智慧的结晶。瓷器本身易碎,又经历了改朝换代、战火洗礼和自然灾害,加之诸多人为因素的破坏,相对青铜器、金银器、字画等门类而言,更加难以保存。古陶瓷能完整留存至今,更加弥足珍贵。

机缘巧合,我有幸得一唐代写经残石,上有"应得"二字。应得可得,不应强求,物随缘走,缘到分有。结缘尽得,不可错失,无怨无憾,不亦乐得。我认为,有一块天地,可能是被人忽视的宝藏,那就是古陶瓷的珍稀残件和标本。古陶瓷整器固然珍贵,其精品残件和珍稀瓷片同样宝贵,是今后民间古陶瓷收藏的方向,应得到国家的支持和鼓励。

古陶瓷精品残件和珍稀瓷片的收藏,某种程度上是抢救祖国历史文化遗产,是保护行为。民间收藏是国家博物馆收藏的有益补充,从中发现的大量珍贵一手资料,有的珍稀品种各大博物馆都没有,可填补空白。古陶瓷的修复应以文物修复为上,尽量保持原有的状态和神韵。切不可一味追求商业价值,唯利是图,迷惑欺骗藏家和爱好者,自欺欺人、贻笑大方。收藏古陶瓷应量力而行,有所取舍,要有目的和方向。本着"心驰神往胸中存,面露从容手上来"的心态,讲究机缘巧合,不刻意求之。瓷器历朝历代都有仿制品,其高仿足可乱真。眼睛不可只盯官窑、重器,民窑精品同样值得收藏。现在瓷片和残件都有造假,要多与行家交流、多上手真品、多考察市场。收藏时,要以确定新老、认清窑口、把握年份、强调品相、注重珍稀、相对完整等为要素,在实战中锻炼"火眼金睛",不断提升眼力和品鉴水平。古陶瓷收藏要坚持理论与实践相结合,实践是检验真理的唯一标准。千万不能"按图索骥",更不能听"故事",要多到博物馆看真品,取真经。珍稀的古陶瓷残件和瓷片,是瓷界的"维纳斯",极具艺术震撼力,其学术和经济价值不断攀升,比一般的普品完整器更具收藏潜力。

古陶瓷残器和瓷片也分正品和次品。正品残器和瓷片是指瓷器出窑后经检验合格的、有等级的整器(包括官窑和民窑),因多种原因打碎了、破损了的类型,有传世和出土之分。次品残器和瓷片泛指窑址出土的,因当时瓷器出窑后经检验不合格而打碎掩埋的类型。残器和瓷片也有品相和等级。传世的品质优等,出土的则主要看土壤环境酸碱度对釉面的影响。釉面是否侵蚀、润泽,纹饰是否清晰、完整等,都是重要的衡量标准。

"浮梁巧烧瓷,颜色比琼玖。"古陶瓷的残件、瓷片可进行艺术重塑,古为今用,赋予新的艺术灵感和内涵。如首饰、挂件、插屏等,可随时上手把玩欣赏,亲抚瓷品的肌理和质感,其乐无穷。既可进行"瓷片拼图",也可与抽象艺术嫁接,成为新的艺术品。总之,艺术表现手法多样,有广阔的再造空间。拍卖行可以对珍稀古陶瓷残件和瓷片进行拍卖。目前,已有拍卖公司作了尝试,收到意想不到的效果。

精神层面的获得感是"玩"的最高境界。随着对古陶瓷艺术认知的提升,人们会越来越感受到其魅力和神韵,给身心带来的欢愉和满足。我们期待更多的人关注和喜爱祖国的文化瑰宝,让古陶瓷在新时代绽放出更加绚丽夺目的光彩。

三缘堂的静默时光

阙亚萍

春秋的硬陶，汉时的陶罐，唐朝的铜镜，宋代的瓷器，当代的根雕，自然的赏石……当岁月的浪花一朵朵绽放又一朵朵凋谢之后，在沧海桑田的变迁中，你来过，你走了，不比一颗灰尘更宏大，也不比一座峰峦更渺小，你的气息，你的物品，你的琴弦，你的生活，总会有人与你有缘，有人珍藏着属于你的年代与你的故事。他就是汶河街道人大工委主任、文联主席宋凌晨。

工作中，宋凌晨同志兢兢业业，钻研业务，从扬州柴油机厂的团委骨干，一个华丽转身，成为汶河街道的主要领导之一，从最基层干起，一路走来，严谨认真，敢于担当，只要是他工作范围内的事，哪怕芝麻大小，对他来说，都是工作态度的问题，就因为这种一丝不苟的工作态度，他赢得了同事与群众的一致好评。

就像契诃夫的工作是医生，卡夫卡是一名法律顾问，宋凌晨也是一位多面手。暮春的一个午休时间，我走进了他的工作室，拜访了多才多艺的他。

人至中年的宋凌晨将自己的书房命名为"三缘堂"，自封为"三缘堂主"。何为三缘？他这样解释：一是艺缘——与艺术有缘；二是情缘——与相爱的伴侣有缘；三是人缘——与气息相投的人有缘。艺术、爱情、气息，这些诗意的词语从某种意义上来说，也反映了一个人的情怀与梦想。"我想和你虚度时光，比如低头看鱼／比如把茶杯留在桌子上，离开／浪费它们好看的阴影／我还想连落日一起浪费，比如散步／一直消磨到星光满天……"李元胜的这首诗似乎就是写给我眼前这位儒雅的书生，三缘堂堂主——宋凌晨。在这个喧嚣纷杂的人间，还有多少人能静下来用全部的心灵去爱某些与世俗无关的东西？还有多少人会看花、读书、弹琴、写字，与古老的瓷器对话？

我抚摩着一枚唐朝的铜镜，漫长岁月磨圆了它的轮廓，时间的斑点呈青绿色，背面的纹路依稀可辨，这枚铜镜曾照映出的哀怨、美丽、等待、愤怒都烟消云散了，不见了。我想象着它曾经的主人，定是一名绝色女子，弹琴、写诗、画画、女红，她有过很多梦想，她爱过谁、怨过谁，与谁结缘、与谁离散。而千年以后，一名叫宋凌晨的书生与她的镜子结缘，并收藏了她的故事。这一枚锈迹斑斑的镜子是最好的凭证，唐时的古典之美在他的书房里氤氲，氤氲，散发出一段芬芳的历史，睹物思人，悠远绵长。

红木书桌上摆放着一只影青花瓶,青白釉的瓶体光滑通透,瓶口有少许破损,曾经尖锐的破损面早已被时间抚慰得温和、沉静。宋凌晨介绍说,这花瓶是南宋时期的,冬天时,他在瓶里插上一枝蜡梅,秋天一棵风信子,春天一朵雏菊,夏天一株兰花。每每从故纸堆中抬起头,仿佛瞬间就置身于时间的深处,想起前世今生的宿命感。而今,别人的花瓶陪伴着我的日日夜夜,百年之后,又是谁珍藏着属于我的故事呢?很想同他握一握手,问声安好。听了宋凌晨的诗情介绍,我感到古老的瓷器之美,不在于一尘不染,也不在于完美无缺,这是一份来自时间深处的问候,饱含着太多热泪与燃烧的情感,是不死的梦想。懂得的人,珍惜的人,就是它最好的知音。一种盛宴之后的气息涌上我的心头,从繁华到苍凉,从饱满到空旷。

日本艺术家吉田公子有一句名言:"艺术的意义对我来说可能就在于和事物的状态相对抗,和现实背道而驰。到我认为我所不在的地方,从我认为我所在的地方消失,这才重要。"采访时,宋凌晨也一直说:"我觉得艺术不应该成为工作,艺术的最高境界不是物,是灵。"不同的国度,不同的性别,但他们对艺术的认知有着异曲同工之妙。正如他请书法篆刻名家姜桂林先生私人定制的一方闲章——"好玩的人"。艺术的最高境界就是"玩",要玩出性情、玩出真味、玩出品位、玩出心境,孜孜以求才不枉此生。这时,传来一阵婉转的古琴声,似高山流水般酣畅,又似雨落花开般温润,原来,是宋凌晨的手机响了。接完电话,他说,最近打算利用晚上时间去学习古琴,还想写一本关于瓷器收藏品鉴的书,要做的事情那么多,生活很充实,人的心反而容易静下来。

通过深入采访,我还了解到,很多年前,因为一部名为《笔中情》的电影,让少年宋凌晨爱上书法艺术,而今,他已是江苏省书法协会会员、江苏省古陶瓷研究会理事,多次获得全国、省、市书法比赛奖项,所藏陶瓷标本入选《中国青花瓷纹饰图典》丛书。面对荣誉,宋凌晨显得很谦虚:"荣誉与爱好比起来不值一提。"他镜片后的眼睛里有安静与睿智之美,这是一个人格与审美一样高雅的成熟男人所散发出的强大气场。所以,让这一颗心,远离喧嚣,远离世俗,只在山水自然、艺林小径中徜徉吧,然后,与今生有缘的人、所爱的人,躲进三缘堂中自得其乐,白首到老。

目　录

序一 ………………………………………… 1

序二 ………………………………………… 2

自序　好玩的人 ………………………… 5

散文　三缘堂的静默时光 …………… 7

目录 ……………………………………… 9

图版与说明 …………………………… 13

1. 春秋战国　硬陶水盂 …………… 15

2. 春秋　印纹硬陶壶 ……………… 16

3. 汉　红陶羊 ………………………… 17

4. 汉　陶耳杯 ………………………… 17

5. 西汉　双系青釉陶壶（残） …… 18

6. 西汉　人面铺首罐 ……………… 19

7. 汉　壶 ……………………………… 20

8. 汉　瓦当 …………………………… 21

9. 三国吴　釉下褐彩青瓷碗瓷片 … 22

10. 西晋　铭文砖 …………………… 23

11. 东晋　德清窑黑釉鸡首盘口壶（残） …… 24

12. 东晋　青釉褐斑唾壶（残） …… 25

13. 隋　辟雍砚（残） ……………… 26

14. 唐　相州窑高士骑马瓷塑 …… 27

15. 唐　相州窑贴塑褐斑蛾纹粉盒盖（残） … 28

16. 唐　宣州窑青釉双系罐 ……… 29

17. 唐　寿州窑印花枕（残） ……… 30

18. 唐　寿州窑黑釉瓷枕（修复） … 31

19. 唐　寿州窑茶叶末釉钵 ……… 32

20. 唐　长沙窑素钵（残） ………… 32

21. 唐　长沙窑绿釉带流油盒 …… 33

22. 唐　长沙窑青釉褐绿点彩大罐（修复） … 34

23. 唐　长沙窑青釉褐绿彩花鸟纹执壶（残）
……………………………………… 35

24. 唐　长沙窑青釉印花莲纹海棠杯（残） … 36

25. 唐　长沙窑黄釉双系小罐 ………… 37

26. 唐　长沙窑黄釉绿彩双系罐 ……… 37

27. 唐　长沙窑绿釉执壶（残） ……… 38

28. 唐　长沙窑贴塑龙纹罐残片 ……… 39

29. 唐　长沙窑青釉绿彩鸡爪纹水盂 … 40

30. 唐　长沙窑狮形瓷塑（一对） …… 41

31. 唐　长沙窑青釉诗文盏 …………… 42

32. 唐　长沙窑黑釉瓜棱执壶 ……… 43

33. 唐　青花瓷片 ……………………… 44

34. 唐　巩县窑三彩钵（修复） ……… 45

35. 唐　巩县窑宝相花三彩陶洗（修复） … 45

36. 唐　巩县窑白釉渣斗（残） ……… 46

37. 唐　三彩水盂 ……………………… 47

38. 唐　三彩力士塑像 ……………… 48

39. 唐　三彩抱雁胡人俑 …………… 49

40. 唐　三彩凤纹壶柄 ……………… 49

41. 唐　三彩鸟形瓷塑 ……………… 49

42. 唐　三彩卧兔瓷塑 ……………… 49

43. 唐　三彩立兔瓷塑 ……………… 49

44. 唐　三彩贴塑胡人驯狮纹香薰盖 …… 50

45. 唐　越窑青瓷玉璧底茶盏 ……… 51

46. 唐　越窑青釉划花粉盒 ………… 52

47. 唐　越窑青釉小鸟瓷塑 ………… 52

48. 唐　越窑青釉凤首砚滴 ………… 52

49. 唐　邢窑玉璧底碗 ……………… 53

50. 唐　邢窑小杯 …………………… 54

51. 唐　邢窑白葫芦瓶 ……………… 54

52. 唐　黑釉葫芦瓶 ………………… 54

53. 唐　绿釉小罐 …………………… 55

54. 唐 俑首 ·········· 56
55. 唐 砖陶佛像 ·········· 57
56. 唐 瓷塑玩具一组 ·········· 58
57. 唐 莲花纹砖 ·········· 59
58. 晚唐 邢窑白釉竹节狮首八方洗残件 ··· 60
59. 晚唐 越窑针划飞鸟祥云纹碗(残) ····· 61
60. 晚唐~五代 越窑青釉水盂 ·········· 62
61. 晚唐~五代 越窑瓜棱双系执壶(残) ··· 63
62. 晚唐~五代 定窑花口莲瓣盘 ·········· 64
63. 晚唐~五代 定窑三足水盂 ·········· 65
64. 晚唐~五代 定窑龙流兽形衔口执壶(残)
   ·········· 66
65. 五代 越窑刻划凤纹大盘瓷片 ·········· 67
66. 五代 越窑青釉瓜棱执壶(修复) ·········· 68
67. 五代 定窑盘 ·········· 69
68. 五代 定窑白釉水盂 ·········· 70
69. 五代~北宋 越窑青瓷刻划龙纹盘瓷片一组
   ·········· 71
70. 五代~北宋 越窑刻划凤鸟穿花纹盘(残)
   ·········· 72
71. 北宋 越窑青釉划花莲蓬纹盏托 ·········· 72
72. 北宋 越窑青釉刻划莲瓣纹盏托 ·········· 72
73. 北宋 青白釉太师少师瓷枕(残) ·········· 73
74. 北宋 青白釉瓷塑玩具一组 ·········· 74
75. 北宋 龙泉窑青瓷花口盏(修复) ·········· 75
76. 北宋 青釉佛首(残) ·········· 76
77. 北宋 定窑刻划龙纹大碗瓷片 ·········· 77
78. 宋 定窑模印人物纹盘瓷片 ·········· 78
79. 宋 定窑模印婴戏大雁纹斗笠碗瓷片 ··· 78
80. 宋 定窑婴戏瓷塑 ·········· 79
81. 宋 定窑印花满池娇菊瓣盘(残) ·········· 80
82. 宋 "供御"款建盏残片 ·········· 81
83. 宋 乌金釉盏 ·········· 82
84. 宋 陶狮纹瓦当 ·········· 83
85. 宋 陶凤纹滴水(残) ·········· 83
86. 宋 陶釉人物塑像 ·········· 84
87. 宋 五大名窑瓷片标本一组 ·········· 85

88. 宋 湖田窑行炉(残) ·········· 86
89. 宋 吉州窑树叶纹盏残片 ·········· 87
90. 宋 吉州窑黑釉描金诗文梅花盏残片 ··· 87
91. 宋 吉州窑绿釉印花小盏 ·········· 88
92. 宋 吉州窑绿釉刻划蕉叶纹八方形枕 ··· 89
93. 宋 吉州点褐彩石榴形粉盒 ·········· 90
94. 南宋 吉州窑黑釉剔花凤纹梅瓶残片 ··· 91
95. 南宋 吉州窑香炉残片 ·········· 91
96. 南宋 吉州窑芦苇鸳鸯纹瓶(残) ·········· 91
97. 南宋 吉州窑绿釉鸳鸯砚滴 ·········· 92
98. 南宋 吉州窑绿釉马头瓷塑 ·········· 92
99. 南宋 吉州窑文字瓷片 ·········· 92
100. 南宋 吉州窑绿釉人物瓷塑 ·········· 92
101. 南宋 吉州窑童子瓷塑(残) ·········· 93
102. 南宋 景德镇窑素胎童子瓷塑(残) ····· 93
103. 南宋 景德镇窑青白釉加彩生瓷观音塑像(残)
   ·········· 94
104. 南宋 湖田窑粉盒 ·········· 95
105. 南宋 湖田窑模印双鱼纹盏 ·········· 96
106. 南宋 湖田窑影青童子塑像 ·········· 97
107. 南宋 湖田窑盘龙贴塑灯盏(残) ·········· 98
108. 南宋 湖田窑青白釉狮形瓷塑 ·········· 99
109. 南宋 湖田窑"太平有象"瓷塑(修复)
   ·········· 100
110. 南宋 湖田窑鳌鱼砚滴(残) ·········· 101
111. 宋末元初 湖田窑人物砚滴 ·········· 101
112. 南宋 湖田窑婴戏龙形砚滴 ·········· 101
113. 南宋 低岭头窑鹅颈瓶(残) ·········· 102
114. 南宋 龙泉窑青釉凤耳盘口瓶(残) ··· 103
115. 南宋 龙泉窑鬲式炉(修复) ·········· 104
116. 南宋 龙泉窑菊瓣纹碗 ·········· 105
117. 南宋 龙泉窑梅子青釉洗 ·········· 106
118. 南宋 龙泉窑梅子青釉贴塑双鱼洗 ··· 107
119. 南宋 生瓷童子坐像(残) ·········· 108
120. 南宋 生瓷童子立像(残) ·········· 109
121. 南宋~元 高丽青瓷碗(残) ·········· 110
122. 辽 三彩狮形瓷枕(残) ·········· 111

123. 元 钧窑贴塑花卉双耳香炉(修复) ··· 112

124. 元 青花爵杯(修复) ············ 113

125. 元 青花云龙纹玉壶春瓶(修复) ····· 114

126. 元 青花香炉(残) ············ 115

127. 元 青花大雁穿花纹扁壶(残) ····· 116

128. 元 青花月映梅斗笠高足杯(残) ····· 117

129. 元 青花梅瓶盖(残) ············ 118

130. 元 青花执莲童子仙鹤纹花口砂底小盘(残)
············ 119

131. 元 青花持莲童子纹高足杯(残) ····· 120

132. 元 青花持莲童子图高足碗(残) ····· 121

133. 元 青花八大码海碗底残件 ····· 122

134. 元 青花模印缠枝菊纹枢府文字盏(残)
············ 123

135. 元 青花文字高足杯(残) ············ 124

136. 元 青花拱捏工艺赏盘瓷片 ····· 125

137. 元 青花鸳鸯莲池牡丹纹高足杯(残)
············ 126

138. 元 青花兔纹高足杯(残) ············ 127

139. 元 青花牡丹纹高足杯(残) ············ 128

140. 元 青花虾蟹纹高足杯(残) ············ 128

141. 元 青花贴塑螭龙纹碗瓷片 ····· 129

142. 元 青花高士、仕女、童子图瓷片 ····· 130

143. 元 青花大雁纹印泥盒盖(残) ····· 131

144. 元 青花凤鸟穿花纹高足杯残件 ····· 131

145. 元 青花禽鸟纹碗底残件 ····· 131

146. 元 青花龙纹碗心残件 ····· 132

147. 元 青花玉壶春龙头残片 ····· 132

148. 元 青白釉龙纹碗心残件 ····· 132

149. 元 青白釉点褐彩印盒 ····· 133

150. 元 青白釉童子瓷塑 ····· 134

151. 元 青白釉竹节状鸟食罐 ····· 135

152. 元 青白釉模印开窗凤鸟纹高足杯(裂)
············ 136

153. 元 青白釉划花荷鸭纹盏 ····· 137

154. 元 青白釉褐彩人物瓷塑(残) ····· 138

155. 元 枢府釉开窗贴塑双狮荷塘纹执壶(残)
············ 139

156. 元 枢府模印龙纹"玉"字款高足杯(残)
············ 140

157. 元 枢府釉开窗镂空贴塑花卉高足杯(残)
············ 141

158. 元 磁州窑鱼藻纹大盆(残) ············ 142

159. 元 磁州窑人物塑像(残) ············ 143

160. 元 磁州窑黑釉贴塑花卉纹双耳炉 ··· 144

161. 元 龙泉窑青釉贴塑龙纹大盘(残) ··· 145

162. 元 龙泉窑青釉贴塑双鱼大盘(残) ··· 146

163. 元 龙泉窑八卦纹香炉 ············ 147

164. 元 龙泉窑青釉点褐彩高足杯 ········ 148

165. 元 龙泉窑贴塑八仙人物酒杯残件 ··· 149

166. 元 龙泉窑青釉贴塑凤纹壶(残) ····· 150

167. 元 龙泉青釉剔划文字高足杯(残) ··· 151

168. 元 釉里红高足杯(残) ············ 152

169. 元 釉里红瓷片 ············ 153

170. 元 红绿彩高足杯心残件 ············ 154

171. 元 生瓷春宫仕女粉盒 ············ 155

172. 元 素胎佛身像(残) ············ 156

173. 元末明初 枢府釉模印五爪龙"公用"款
高足杯 ············ 157

174. 元末明初 龙泉窑公道杯(残) ········ 158

175. 元末明初 枢府釉刻划龙纹盘瓷片 ··· 159

176. 狮形瓷塑一组 ············ 160-161

177. 头像瓷塑一组 ············ 162-164

178. 瓦当一组 ············ 165

179. 明洪武 瓷砖 ············ 166

180. 明永乐 黄釉五爪龙纹圆形瓦当 ····· 167

181. 明永乐 绿釉五爪龙纹滴水 ············ 167

182. 明景泰 青花云气纹碗(一对) ········ 168

183. 明成化 青花婴戏图碗(残) ············ 169

184. 明嘉靖 青花线描高士人物瓷片 ····· 170

185. 明嘉靖 青花庭院婴戏图大罐瓷片 ··· 171

186. 明嘉靖 景德镇窑蓝釉刻花龙纹碗瓷片
············ 172

187. 明嘉靖 青花高士抚琴图碗底瓷片 ··· 173

188. 明嘉靖 青花才子佳人图盘瓷片 …… 174

189. 明嘉靖 景德镇窑蓝釉刻麒麟纹执壶瓷片
…… 175

190. 明嘉靖 景德镇窑蓝釉贴塑蟠螭纹
玉壶春瓶残件 …… 175

191. 明万历 青花釉里红瑞兽荷花纹瓷片
…… 176

192. 明万历 豆青釉出戟尊(残) …… 177

193. 明万历 时大彬款紫砂壶底片 …… 178

194. 明 素三彩香炉 …… 179

195. 明 白釉送子观音瓷塑(残) …… 180

196. 明晚期 青花五彩蝴蝶纹小碗残件 … 181

197. 明晚期 青花文字小酒杯底瓷片 …… 182

198. 明晚期 紫砂双螭龙纹器盖 …… 183

199. 明崇祯 青花裴休白鹿典故盘心瓷片
…… 184

200. 明末清初 仿永乐青花压手杯残件 … 185

201. 明清 青花瓷器纹饰一组 …… 186

202. 明清 青花釉里红瓷器纹饰一组 …… 187

203. 清 斗彩瓷器纹饰一组 …… 188

204. 清康熙 青花婴戏图瓷片 …… 189

205. 清康熙 青花龙马纹盘瓷片 …… 190

206. 清康熙 青花荷莲纹小盏残件 …… 191

207. 清康熙 青花牧羊图烛台残件 …… 192

208. 清康熙 青花美人执扇纹盏(残) …… 193

209. 清康熙 青花山水纹盘瓷片 …… 194

210. 清康熙 郎绿花觚(修复) …… 195

211. 清雍正 青花锥刻龙纹瓶(修复) …… 196

212. 清乾隆 雾蓝釉描金龙纹盘 …… 197

213. 清乾隆 青花仿青铜器尊 …… 198

214. 清乾隆 红釉盘瓷片 …… 199

215. 清 紫金釉童子拜观音瓷塑 …… 200

216. 清中晚期 紫砂花盆 …… 201

217. 清晚期 紫砂挂釉罐 …… 202

后记 …… 203

主要参考资料

1. 百度文库、百度百科、百度知道

2.《中国陶瓷史》 中国硅酸盐学会编 文物出版社 1982年9月版

3.《首都博物馆藏瓷选》 首都博物馆编 文物出版社 1992年10月版

4.《中国文物精华大辞典——陶瓷卷》 国家文物局主编 上海辞书出版社 1995年8月版

5.《扬州古陶瓷》 扬州博物馆 扬州文物商店编 文物出版社 1996年9月版

6.《长沙窑》 长沙窑课题组编 紫禁城出版社 1996年10月版

7.《中国古陶瓷图典》 冯先铭主编 文物出版社 1998年1月版

8.《景德镇湖田窑作品集》 徐长青编著 湖北美术出版社 2005年1月版

9.《明清瓷器鉴定》 耿宝昌著 紫禁城出版社 2006年6月版

10.《冯先铭陶瓷研究与鉴定》 冯先铭著 紫禁城出版社 2009年12月版

11.《青白瓷精品鉴赏》 江西省历史学会古陶瓷专业委员会主编 江西美术出版社 2012年2月版

12.《安思远旧藏古陶瓷选萃》 杭天著 文物出版社 2015年1月版

13.《扬州出土唐代长沙窑瓷器研究》 徐忠文、徐仁雨、周长源著 文物出版社 2015年8月版

14.《青峰拾翠》 陈志明、吴兴东、高业皓编著 江西美术出版社 2019年3月版

图版与说明

春秋战国 硬陶水盂

口径 2.2cm　腹径 5.8cm　高 4.6cm

　　硬陶尺寸较大的器型存世量多,大部分硬陶制作
粗糙,以实用器为主,为取水、盛水之用,少有纹饰精
美的。但作为文房用器的硬陶则少见。经查阅资料,此
水盂可称为历史上文房水盂雏形。该水盂制作精美,
小巧玲珑,以印纹作为装饰,上有四个长珠型小系,下
有三个芝麻状足钉。由此可见,当时制作人的匠心独
运,其精湛工艺可与同时期的青铜器媲美,弥足珍贵。

春秋　印纹硬陶罐

口径 12cm　腹径 21cm　高 15cm

　　印纹硬陶用含铁量较高的黏土制作,表面拍印几何图案,烧结温度比一般陶器偏高,呈紫褐色,叩之有声,江浙等地多有出土。该器物为盛水器皿,小口,圆肩,深腹,双系,肩部有曲折回纹,腹部饰小方格纹,纹饰细致,工艺精美,造型典雅,不同凡响。

汉 红陶羊

长 16.5cm　宽 6cm　高 12cm

　　羊,具有吉祥之意。泥质属于红陶,一般印模制作,较为粗糙,细部表现模糊。该红陶羊,其制作工艺是先印模,后手工雕刻,呈跪伏状,羊首略仰,凝视前方,造型饱满,形象传神。

汉 陶耳杯

长 14.5cm　宽 12cm　高 4.3cm

　　耳杯,又称羽觞,始于春秋战国时期,可作酒具及祭祀用。图中所示耳杯为陶质,造型为扁椭圆形,弧壁,浅腹,两侧各有一个半月形耳。质地细腻,工艺精湛,内壁尚存留朱砂,色彩鲜艳。

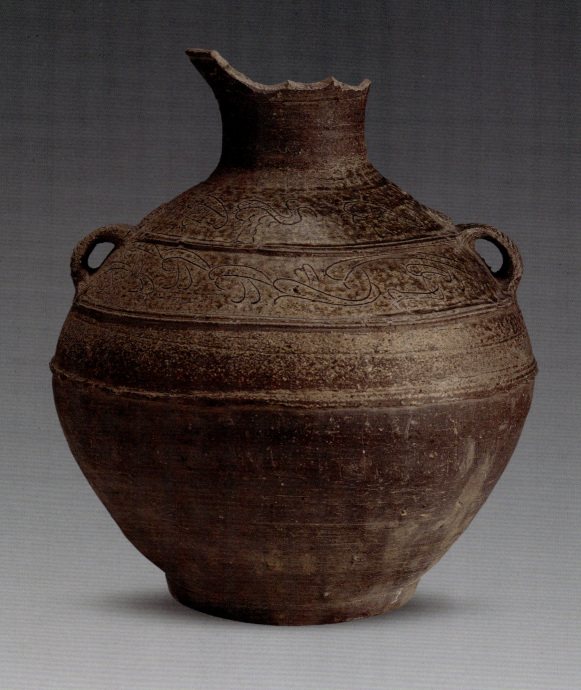

西汉 双系青釉陶壶(残)

腹径 27cm 高 40cm

　　釉陶,低温烧成,故大多器物胎与釉结合不紧密,造成胎质疏松,釉层易剥落或变质。该釉陶壶,胎釉结合紧密,釉水光亮,颈部有水波纹,肩部有双层变形飞鸟纹。飞鸟造型抽象传神,线条流畅灵动,三次胎接轮制成型,双系,黄釉,是釉陶向青瓷过渡的典型器。

西汉 人面铺首罐

口径 9cm　腹径 23cm　高 26cm

　　商代后期,青铜器有人面青铜
鼎(图一),现藏湖南省博物馆。汉
罐存世量较大,大小类型较多,但
人面铺首的汉罐较为少见。

图一

口径 13cm　高 35cm　图一

口径 9cm　高 18.5cm　图三

汉壶

　　汉壶，其收藏讲究全品相，对其形、饰、釉等要求严格。另尺寸大者或小者尤为珍贵。图一、图二两件汉壶尺寸较大，釉质光亮，形态优美，造型端庄。图三汉壶尺寸较小，小巧玲珑，秀外慧中，颈部有水波纹饰，可案头把玩。皆无修补，值得珍藏。

口径 14.5cm　高 35cm　图二

汉 瓦当

当面直径 15.5cm

    秦砖汉瓦是古代中国建筑构件上的艺术典范,其文字、图案纹饰繁多。此瓦当为勾云纹图案,历经千年,虽残缺,能藏之,尤可幸也。

三国吴　釉下褐彩青瓷碗瓷片

8.5cm×8cm

　　三国吴青瓷釉下彩是中国发现最早的釉下彩瓷器。瓷胎略带灰褐色，胎上用褐彩绘有纹饰，外罩青黄色透明釉。1983年，南京市雨花台区长岗村出土的青瓷釉下彩盘口壶，证实了我国早在三国时期就已具备烧制釉下彩的先进工艺，改写了中国瓷器史。从现有出土的釉下彩青瓷的纹饰来看，其底部一般没有纹饰。此瓷片有一特别之处，其底部用褐彩绘制雪花纹，极其少见，弥足珍贵。从现有瓷器资料看，一般雪花款最早出现在明永乐年瓷器上。这一发现将改写雪花款出现的历史。

西晋 铭文砖

长 34cm　宽 16.5cm　厚 5cm

　　此砖侧面依稀见"元康七年"(公元 297 年)字样,正反面印有绳纹、网纹。可见当时工艺一斑。

东晋　德清窑黑釉鸡首盘口壶（残）

口径 8cm　腹径 17cm　底径 12cm　高 18cm

　　东晋德清窑以烧制黑釉瓷器为胜。经化验，氧化铁含量达 8% 左右。其烧造历史较短，大抵在东晋至南朝早期的一百多年间。东晋鸡首壶（现北京故宫博物院、杭州博物馆各收藏有 2 件和 1 件），壶体变大，鸡头由装饰物为实用的壶流，是德清窑的典型器物。此件残壶竖鸡冠、大眼珠、张口、引颈，短尾则变为圆形长柄，鸡首与把手两侧之间装饰桥形双系，外壁施釉不到底，造型朴拙，形制规整，黑彩如漆。虽残损，但仍可见尚韵风格。

东晋 青釉褐斑唾壶(残)

口径 6.5cm　腹径 7.8cm　底径 6cm　高 8.4cm

　　唾壶是东晋至南朝早期盛行于浙江地区的瓷器产品。该唾壶在器口点饰褐色彩斑，器身无纹饰，釉水光亮，釉质开片，造型典雅，乃实用佳器。

直径 5cm

隋 辟雍砚（残）

辟雍是古代天子讲学的地方。《礼制·王制》记载：大学在郊，天子曰辟雍，诸侯曰类宫。东汉蔡邕的《明堂丹令论》中解释为：取其四面环水，圆如璧，后世遂名璧雍。南北朝、隋唐的陶瓷工匠们，模仿辟雍设计出的辟雍砚是极富观赏价值的艺术珍品。魏晋时期多流行三足或四足的青瓷圆盘砚，南北朝变化为五足到十足不等的珠足砚，到了隋唐时期发展出圆形多足的辟雍砚。

此两件虽为残件，但工艺精湛，胎质细腻，足贴塑兽面纹，霸气十足，釉色光亮润泽，且直径四、五厘米，尤为少见，可把玩欣赏。

直径 4cm

唐 相州窑高士骑马瓷塑

6cm × 7cm

唐相州窑瓷塑人物较少见。此件为白釉点褐彩瓷塑，虽残，但高士骑马人物形象生动，神态俱佳，栩栩如生。真应了唐代诗人孟郊《登科后》诗："春风得意马蹄疾，一日看尽长安花"之意，可玩味之。

唐 相州窑贴塑褐斑蛾纹粉盒盖(残)

直径 6cm

此唐相州窑粉盒盖胎色灰白,青釉呈玻璃质,釉厚处青中带绿、青中带黄,釉面光亮如新,有细小冰裂纹。盖上塑贴褐斑蛾纹图案,点褐彩装饰,精巧别致,虽残尤珍。

唐　宣州窑青釉双系罐

口径 9.5cm　底径 7cm　高 15cm

　　唇口,双系,平底微凹,有垫烧痕,造型端庄饱满,胎质紧密,吸水率低。施青釉,釉色青中微绿,釉层薄而透,腹下部垂釉自然,乃盛水佳器。

唐 寿州窑印花枕(残)

长 16.5cm　宽 11cm　高 6cm

　　唐代陆羽在《茶经》中描述：寿州瓷黄。寿州黄瓷以粗瓷为多，有少量细瓷存世。瓷枕有脉枕、头枕以及随葬用枕。

　　此枕胎质细腻，质地坚实，厚薄均匀，鳝鱼黄釉，滋润光亮，色泽匀净，枕面印花，极具装饰美感。虽枕底破损，但仍为寿州窑珍品。

唐 寿州窑黑釉瓷枕(修复)

长 13cm 宽 8cm 高 6.6cm

　　黑釉瓷枕在唐代寿州窑中较为少见,特别是纯黑釉尤为稀少。此枕腰圆、倭角,造型秀美,枕面两端微微高起,枕面微凹,枕体中空,侧面有一出气孔,胎质致密,满施黑釉,底部露胎,从其大小来看,可能为脉枕,虽残尤珍。

唐 寿州窑茶叶末釉钵

口径 12.5cm

　　唐朝中晚期是寿州窑烧造的鼎盛时期,寿州窑也名列唐代五大名窑,曾以"寿州瓷黄"闻名于世,但茶叶末釉则少见。此钵器型饱满,形态端庄,收口内敛,釉色均匀,釉面透亮。且尺寸较大,较为罕见。

唐 长沙窑素钵(残)

口径 21.5cm

　　唇口,腹扁圆,圆平底,底露胎,胎色浅灰,器型端正,外施米黄釉,内施满釉,釉色均匀,釉面明亮,惜腹部残破一小洞。此钵尺寸之大,到目前为止,前所未有,堪称"长沙窑钵王"。虽残仍可藏也。

唐 长沙窑绿釉带流油盒

直径 8.8cm 高 7cm

　　唐代油盒、粉盒、砚滴品种较多，但带底座状圈足则鲜见。此件油盒为绿釉，流口斜直上翘，与 2008 年扬州古运河东岸"凯运天地"工地出土的唐长沙窑青釉油盒相似。其连体底座为镂空褐彩，与扬州博物馆藏唐长沙窑青釉高足盒的喇叭口高圈足如出一辙。盒与壶为一体，其造型独特，别具一格，珠联璧合，极具大唐气象。

唐长沙窑釉下铜红"油合"二字残盖

唐 长沙窑青釉褐绿点彩大罐(修复)

口径 15cm 高 23cm

　　直口,粗颈,削肩,直筒形腹,双系,底内凹,胎灰黄,施青黄色釉。腹部为褐点菱形图案与褐绿点圆圈纹饰。釉层莹润光滑,点彩晕散自然,造型古朴典雅,有浓郁的西亚风格。如此大号点彩罐,虽是残件,也是难得的长沙窑珍品。

唐 长沙窑青釉褐绿彩花鸟纹执壶(残)

高 18cm

此壶胎质细密，瓜棱壶体，器型端正，釉质莹润微黄，釉色光亮如新。花鸟画工精湛，工写结合，栩栩如生，与图一唐长沙窑残盘鸟纹神似，惜口残柄失，但尤可藏也。

图一

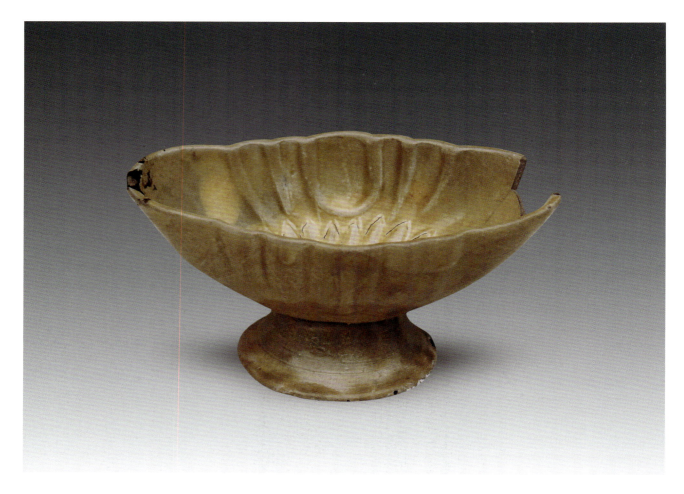

唐 长沙窑青釉印花莲纹海棠杯(残)

长 13.5cm　宽 8cm　高 6.5cm

　　此杯仿唐金银器造型,海棠花形口沿外侈,斜腹,高圈足,底部内凹。杯心压印一朵绽开的莲花,共计14朵花瓣(图一),灰胎、青黄釉,釉水莹润。与清德化窑仿犀角海棠杯(图二)模印工艺相比,更显简约和典雅,彰显了大唐法度和气象。此杯和收藏于长沙市博物馆的唐长沙窑绿釉莲瓣纹高足杯如同双胞胎,虽残尤珍。

图一

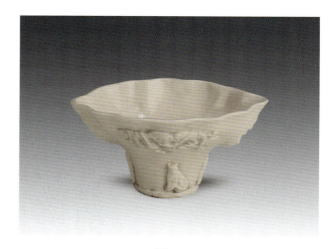

图二

唐 长沙窑黄釉双系小罐

口径 5cm 底径 4cm 高 9cm

唐 长沙窑黄釉绿彩双系罐

口径 9cm 底径 10.5cm 高 13.5cm

　　唐长沙窑产品种类众多,壶、罐尤其量大,但完美无缺、釉面亮丽的少见。如上图所示双系罐,其亮点一是尺寸小,存世长沙窑罐体大尺寸少,小尺寸则更稀见;亮点二是釉面如新,虽经千年,其釉色莹润如脂,仿佛穿越时光隧道来到我们面前。另口径9cm的双系罐肩部点绿彩,有画龙点睛之妙。可案头赏玩。

唐 长沙窑绿釉执壶(残)

底径 10.5cm　残高 17cm

　　喇叭口残缺,直颈,溜肩,筒腹,下腹内收,六棱短流,与流对应的双条把手缺失,平底,底部有墨书"桂"字。此壶胎质米黄,内外施绿釉,釉面莹润,光亮如新,素净典雅。唐长沙窑执壶中施绿釉者稀少,虽残尤珍。

唐 长沙窑贴塑龙纹罐残片

12cm×8cm

　　唐长沙窑品种繁多,贴塑工艺已趋成熟,有贴塑立狮、双鱼、椰枣、对鸟、荷花、胡人等纹饰,但贴塑走龙纹则极为少见。模印龙纹图案在西晋青釉钵残片上(图一)已出现。扬州市文物考古研究所藏一件残壶上,模印贴塑龙纹与图中所示,如出一辙。此贴塑走龙纹姿态,又与现藏于陕西历史博物院的鎏金铜走龙件也极为相似(图二)。走龙纹威武雄健,彰显大唐盛世气象。

图一

图二

唐 长沙窑青釉绿彩鸡爪纹水盂

口径 3.8cm　腹径 6.8cm　足径 2.8cm

　　该水盂唇口,腹扁圆,平底,口沿三处绘绿彩鸡爪纹,纹饰简约,清新淡雅,用笔流畅,外罩一层透明青釉,釉色光亮,有细裂纹,施釉不到底。器型精致,乃文房精品。

唐 长沙窑狮形瓷塑(一对)

高 5cm

  图中所示是一对唐长沙窑狮形瓷塑,属玩具类。胎质致密,满施黄釉,并点黄绿釉斑。公狮张口含舌,母狮闭嘴微笑,且身上携一小狮子,憨态可掬,生动传神,充满生活情趣。成对难得,值得赏玩。

唐 长沙窑青釉诗文盏

口径 19.2cm　底径 7cm　高 5.6cm

　　诗是读书人寄托情感、灵魂的载体。唐朝是中国诗歌创作的
巅峰时期,名篇佳句,流芳百世。唐朝书法尚法,真、行、草各体书
家众多,崇尚书法之风盛行。书法艺术的触角也延伸到瓷器装饰
中,在长沙窑罐、盏上诗文书写很普遍。长沙窑瓷器装饰文字已发
现诗近百首,但能从全唐诗找到来源的不到十分之一,名家诗作
少之又少。该盏撇口,浅腹,玉璧圈足,黄釉,内外施釉不到底,釉
层薄,内底平敞露胎。盏内釉下釉上褐彩书行楷诗文:鸟飞平芜近
远,人随流水东西;白云千里万里,明月前溪后溪。此诗文为唐代
著名诗人刘长卿的《苕溪酬梁耿别后见寄》诗中的四句,有个别字
差异。瓷器既是实用器,也是陈设器。此长沙窑诗文盏,可能是士
子、文人间寄情雅集时斗茶的绝佳器皿。"诗以言情""佳器盛茗",
体现了文人雅士的才情和思想,开创了瓷器装饰的先河。此盏与
长沙市博物馆藏品相似。央视《国宝档案》曾有专题报道。

唐 长沙窑黑釉瓜棱执壶

高 19cm　口径 5cm　底径 7.5cm

　　唇口，直颈，六角形短流，曲柄、平底、瓜棱形，内外满施黑釉，釉色均匀，釉质莹润光亮，造型端庄秀美，是唐代典型的点茶用器。虽流口微残，但瑕不掩瑜，尤可珍也。

唐 青花瓷片

8cm × 7cm

　　唐青花乃青花瓷的鼻祖，河南巩县窑出品。其工艺是在瓷胎上涂一层白化妆土，用氧化钴为着色剂，描绘图案，然后罩一层透明釉，入窑高温1300摄氏度左右烧成。从迄今出土出水的完整器和瓷片看，一般以几何图案或宝相花图案为主。1975年和1983年，江苏扬州出土了唐青花瓷片，曾引起陶瓷界的震动。现学术界将青花瓷的初创年代确定为唐代。到目前为止，完整件和瓷片存世200多件（在黑石号沉船上出水的6万多件瓷器当中，仅有3件唐青花瓷盘）。2015年央视《国宝档案》曾有专题聚焦唐青花。

　　该瓷片为碗残片，圈足。碗心绘法螺纹，青花发色幽蓝，有蓝色着色点，从断面可见胎、化妆土、氧化钴料、釉层，据此可见唐青花的烧造工艺，弥足珍贵。

唐 巩县窑三彩钵(修复)

口径 13.5cm

此唐三彩钵器型硕大，体态圆润，外壁绿、黄、白三彩相互融合，施釉不到底，挂釉自然，釉面亮丽，虽残尤珍。

唐 巩县窑宝相花三彩陶洗(修复)

直径 23.5cm

广口，浅腹，直壁，平底。胎体厚重，呈白色。口沿及外壁上部施釉，下半部及底部露胎。内壁施黄、蓝、绿釉彩，装饰对称，色彩斑斓。内底刻印宝相花图案，每一花瓣由外至内分四层着色，一层和四层为钴蓝色，二层为白色，三层为赭黄色。花瓣内以阴线刻双环，环为赭黄色，环内相间八个赭黄和钴蓝点，花心八个花瓣也是赭黄和钴蓝色相间。釉色之间不相融，纹饰繁缛，工艺精美。与陕西三原县城隍庙文物保管所藏唐三彩洗非常相似。特别是带钴蓝彩的唐三彩洗，难得一见，虽残尤珍。

唐 巩县窑白釉渣斗（残）

口径 16.3cm　底径 8.5cm　高 12.3cm

　　巩县窑，唐代著名瓷器窑口。其白瓷中精品曾作为贡品，供皇宫使用。此件白釉渣斗，短束颈，溜肩，扁鼓腹，饼足，胎质洁白细腻，内外壁满施白釉，釉质莹润光亮，釉色白中见黄，有流釉痕迹，釉层细碎开片，与故宫博物院藏的唐代白釉唾壶相似。惜上部口沿残损，但整体造型规整，端庄素雅，有唐人法度，虽残尤珍。

唐 三彩水盂

口径 3cm　腹径 8cm　足径 4.1cm

　　水盂是文房用具，又称水丞，据现有史料记载始于秦汉时期。唐三彩是陶器，以黄、绿、白为基本釉色，胎体为白色黏土，经两次入窑烧成，烧结温度 900 ~ 1100 摄氏度。该水盂施釉不到底，黄、绿、白三色釉作为点缀，简洁大方，文气十足，堪称佳品。

唐 三彩力士塑像

高 7.5cm

　　力士身躯健壮,衣着戎装,神态威武,双手扶膝做下蹲状,有"力拔山兮气盖世"之势,展现了唐朝工匠高超的艺术表现力。

唐 三彩抱雁胡人俑
高 7.5cm

唐 三彩凤纹壶柄
图二

图一

唐 三彩鸟形瓷塑
图三

唐 三彩卧兔瓷塑
图四

唐 三彩立兔瓷塑
图五

　　唐三彩瓷器品种繁多,多为明器,也有实用器,图中所示为玩具,皆为实用器。图一所示唐三彩抱雁胡人俑,可贵之处是有钴蓝彩,这在唐三彩瓷塑上是少见的。图二为凤首壶柄。图三为鸟形瓷塑。图四、图五是卧兔和立兔造型,生动传神,超萌可爱。

唐 三彩贴塑胡人驯狮纹香薰盖

口径 11cm　底径 17cm　高 7.5cm

　　唐三彩是盛行于唐代的一种低温釉陶器,以黄、绿、白三色为主,有钴蓝彩者为上品。唐代贞观之治以后,国力强盛,厚葬之风日盛,多为明器,也有实用器。此香薰胎质紧密,造型典雅,釉色莹润透亮,贴塑工艺精湛,四面饰胡人驯狮,姿态各不相同,神态灵动,呼之欲出。在三国两晋的青瓷上已有此工艺和纹饰出现(图一、图二)。据资料显示,目前尚未见相同者,实为罕见。香薰盖上应有一立狮塑件,惜缺失,但丝毫不影响其艺术魅力。

图一

图二

唐 三彩抱雁胡人俑
高 7.5cm

唐 三彩凤纹壶柄
图二

图一

唐 三彩鸟形瓷塑
图三

唐 三彩卧兔瓷塑
图四

唐 三彩立兔瓷塑
图五

　　唐三彩瓷器品种繁多,多为明器,也有实用器,图中所示为玩具,皆为实用器。图一所示唐三彩抱雁胡人俑,可贵之处是有钴蓝彩,这在唐三彩瓷塑上是少见的。图二为凤首壶柄。图三为鸟形瓷塑。图四、图五是卧兔和立兔造型,生动传神,超萌可爱。

唐 三彩贴塑胡人驯狮纹香薰盖

口径 11cm　底径 17cm　高 7.5cm

　　唐三彩是盛行于唐代的一种低温釉陶器,以黄、绿、白三色为主,有钴蓝彩者为上品。唐代贞观之治以后,国力强盛,厚葬之风日盛,多为明器,也有实用器。此香薰胎质紧密,造型典雅,釉色莹润透亮,贴塑工艺精湛,四面饰胡人驯狮,姿态各不相同,神态灵动,呼之欲出。在三国两晋的青瓷上已有此工艺和纹饰出现(图一、图二)。据资料显示,目前尚未见相同者,实为罕见。香薰盖上应有一立狮塑件,惜缺失,但丝毫不影响其艺术魅力。

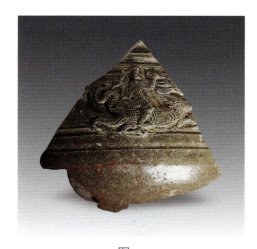

图一

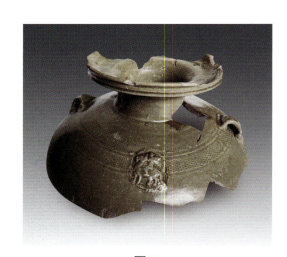

图二

唐 越窑青瓷玉璧底茶盏

口径 15cm　底径 6.5cm　高 4cm

　　唐代越窑乃著名窑口,以烧造高档瓷器闻名于世。

　　此盏釉色青黄,造型规整,胎骨致密,圈足呈玉璧底,釉面清亮,质感温润,乃典型唐代越窑精品。

唐 越窑青釉划花粉盒

直径 5cm　高 3cm

　　一般越窑粉盒盖多为扁平形，偶尔可见蛋形盒盖。此粉盒盖呈隆起蛋形，盖盒之间以子母口相套接，底部有五处圆形支烧痕，釉色光亮润泽，划花线条流畅，器型饱满，小巧玲珑。

唐 越窑青釉小鸟瓷塑

4.5cm×4cm

　　唐越窑盘、盏、瓶等品种繁多，存世量较多，但瓷塑件则罕见。此小鸟胎质致密，釉面润泽，造型优美，神态逼真，纯手工制作，盈手可握，难得一见。

唐 越窑青釉凤首砚滴

高 6.8cm　底径 3cm

　　此砚滴凤首状头部，细颈，短流，曲柄接颈肩部，壶身圆鼓，圈足外撇呈喇叭形，足底内凹，西域风格明显。通身满施青釉，造型仿自当时波斯萨珊王朝的金属汤瓶，小巧玲珑，匠心独运。

唐　邢窑玉璧底碗

口径 15.2cm　底径 6.8cm

　　此碗造型规整,制作精致,胎质坚硬,釉色洁白。敞口,碗身呈 45 度角外撇,口沿做外翻唇状,底为玉璧形,属精细白瓷,乃邢窑瓷器中精品。

唐 邢窑白葫芦瓶

高 4.5cm　图一

唐 邢窑小杯

口径 2cm　高 2cm

高 3.7cm　图三

唐 黑釉葫芦瓶

高 3.2cm　图二

　　葫芦象征吉祥平安。其谐音"福禄",福是幸福,禄是财富。葫芦也是民间传统暗八仙之一,有聚财、纳福、辟邪、驱灾、长寿之意。其多果的藤蔓与多籽的葫芦寓意子孙万代,繁茂昌盛。图一、图二两只瓷葫芦瓶为唐代瓷器,图三所示瓷葫芦瓶为宋代瓷器,有铁锈斑纹饰,古朴典雅。瓷葫芦瓶可能是丹药盛具,邢窑的小杯可能是服用丹药时,盛水之物。真乃绝配佳器。

唐 绿釉小罐

口径 5.3cm 底径 5cm 高 9cm

　　唐代瓷器多为单色,其绿釉者尤难得。绿釉是一种以铜为着色剂的釉色,当时文人雅士尤为喜好。此小罐,撇口,翻唇,短颈,胎质灰白,胎釉紧密,绿釉呈色纯正,釉面光亮莹润,外施釉到底,底部无釉,罐内施米黄釉,器型饱满端庄,透出华丽典雅气质。可置于书桌,把玩欣赏。

唐 俑首

　　唐代国势强大，经济繁荣，追求奢华，厚葬之风盛行。对陪葬陶俑的规制和配置，按官阶有着严格的规定。盛唐时，俑高在 40～100 厘米，最高在一米以上。唐俑造型优美，雕塑精致，色彩绚丽，栩栩如生。此三个俑首，分别是仕女、文官、武士，虽色彩脱落，但雕塑传神，弥足珍贵。

7cm×5cm

12cm×6.5cm

11cm×6cm

唐 砖陶佛像

高 7.5cm

用陶泥模子压印佛像在唐朝较为盛行，这些佛像从一个侧面反映了唐初佛教造像的兴盛。

此佛像陶制、高肉髻，双眼俯视众生，身着袈裟、结跏趺坐莲台之上，法相庄严。因时间久远，虽造像上矿物色彩剥落，但丝毫不掩其慈悲相。

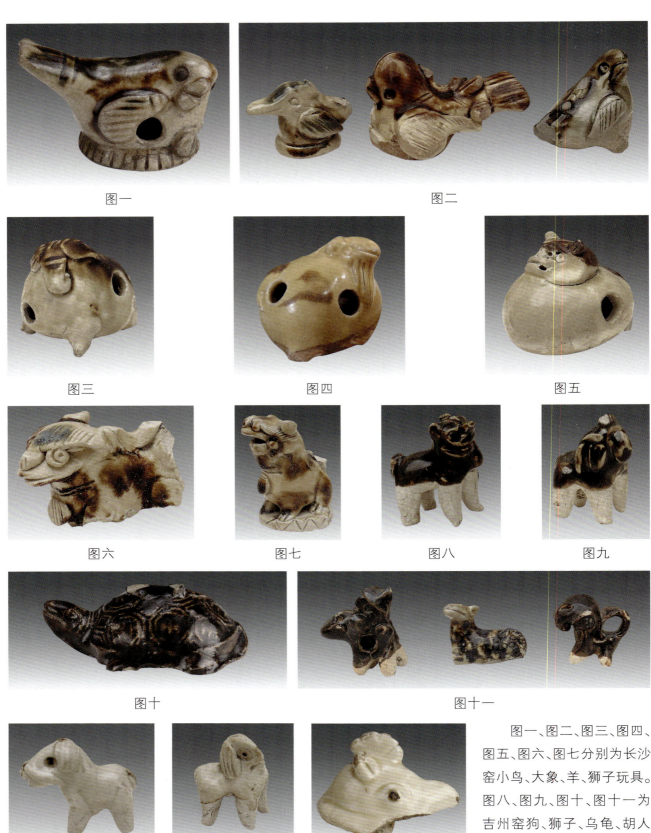

图一

图二

图三

图四

图五

图六

图七

图八

图九

图十

图十一

图十二

图十三

图十四

唐 瓷塑玩具一组

图一、图二、图三、图四、图五、图六、图七分别为长沙窑小鸟、大象、羊、狮子玩具。图八、图九、图十、图十一为吉州窑狗、狮子、乌龟、胡人骑兽、羊、象玩具。图十二、图十三为相州窑狗、狮子玩具。图十四为邢窑白瓷凤首。

唐 莲花纹砖

长 29.6cm　宽 14cm　高 5cm

　　莲花纹饰在唐代颇为流行,在金银制品、瓷器及建筑构件上多有表现。据传释迦牟尼降生,"东南西北,各行七步",步步生莲花。唐代佛教殿堂,往往遍铺各种莲花纹方砖,这种风尚也影响到宫廷建筑。此砖泥质灰陶地,实心长方形,较为少见。砖面纹饰为模制阳文,八瓣莲花纹饰凸于砖面,纹理清晰,品相完美。其中心一朵莲花纹,一上一下两朵略小的宝相花纹,左右各两个半圆莲花,在莲花图案之间有十字花卉纹间隔。整体纹饰精致繁缛,既高贵又典雅,大唐气息扑面而来。

晚唐　邢窑白釉竹节狮首八方洗残件

7cm×8cm

　　2018年苏富比拍卖资料记载，晚唐邢窑白釉竹节狮首八方洗（图一），高7.5cm，直径22cm，足径21.5cm，八等边柱体，洗面内凹，通体施白釉，器壁八面刻划竹节饰框，框内均贴塑一狮首，横眉怒目、张口咆哮、凶猛威武。八方洗工艺精湛细致，器型新颖奇特，乃邢窑精品，存世珍罕。此件虽为残存，但尤可藏之。

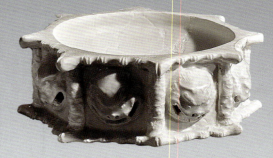

晚唐　邢窑白釉竹节狮首八方洗

图一

晚唐　越窑针划飞鸟祥云纹碗(残)

直径：15.3cm　底径：7.3cm

　　晚唐五代是越窑青瓷发展的鼎盛时期，首都博物馆收藏的越窑青釉刻花人物执壶，就是这一时期越窑瓷器的精品力作。唐代越窑青瓷以光器为主，在瓷器上刻划人物、花卉、飞鸟纹饰较为少见，存世的都是皇家贡品或贵族之珍贵藏品，世人鲜见。此碗胎质致密，釉面润泽，釉色青中泛黄，上刻划飞鸟祥云纹，形神俱佳，象征神仙眷侣，比翼双飞。虽为残件，但可见其唐风遗韵，堪称晚唐越窑佳品。

晚唐～五代 越窑青釉水盂

长 4.5cm　宽 4cm　高 3.2cm

　　水盂呈椭圆形，有四象足，内外施青釉，胎质致密细腻，釉面莹润，盂身有四瓜棱，小巧玲珑，既实用又可把玩欣赏。

晚唐～五代 越窑瓜棱双系执壶(残)

足径 8.7cm　残高 21cm

　　越窑执壶,是中晚唐时制作的实用器型,也称"注子",是文人饮酒作赋的酒具雅器。该执壶喇叭口沿残缺,但造型圆润饱满,制作规整精巧,胎质致密细腻,釉质润泽柔和,长颈,溜肩,四条瓜棱腹线,矮圈足,有垫烧痕,肩颈部对置多棱线流口与弯曲的扁带状执柄(缺失)。釉色青黄均匀,乃越窑器精品,虽残尤珍。

晚唐～五代 定窑花口莲瓣盘

直径 15.8cm 底径 5.7cm

　　唐代金银器盛行,工艺精湛,深得皇宫、贵族和官宦家庭的喜爱。至晚唐五代,定窑批量
仿金银器的白瓷开始烧造。瓷盘两个圆口加一个尖头的器型,称之为莲瓣形。从仿生学来说
是模仿莲花花瓣的形状,这与当时佛教盛行有莫大的渊源。该瓷盘器型规整,釉色乳白,胎质
致密,莲瓣圆润,盘外壁有泪痕,盘心有使用痕迹,底无釉。可惜盘口有四处飞皮,但不掩其美,
令人赏心悦目。

晚唐～五代　定窑三足水盂

口径 2.5cm　高 4cm

　　晚唐五代定窑水盂,在制作工艺和釉质上借鉴了邢窑的优点。该水盂唇口,胎体紧密,釉面光亮,釉色白里泛黄,施釉不到底,盂内无釉。制作工艺精巧,器型典雅,盂身四条瓜棱,三足精致规整,乃晚唐五代定窑水盂的代表作。

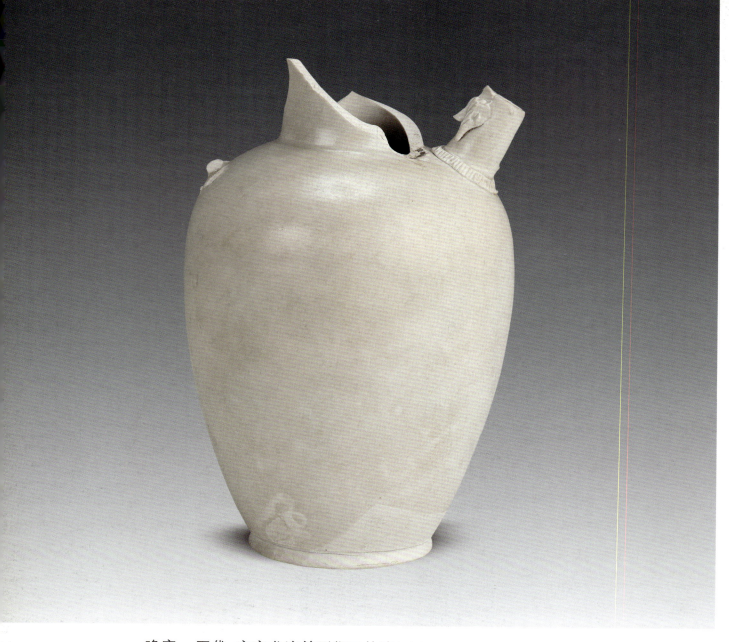

晚唐～五代 定窑龙流兽形衔口执壶(残)

底径 6cm 残高 17cm

图二

该执壶胎质细腻致密，釉色白中泛黄，釉面莹润光泽，执壶内外施釉，造型端庄秀美，壶口为龙流，饼底(图一)，惜口沿壶柄残损。据资料记载，完整器的壶柄应为立兽衔口(图二)，做探望之态，憨态可掬，此类执壶传世罕见，虽残尤珍。

图一

10cm × 5cm

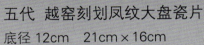

五代 越窑刻划凤纹大盘瓷片

底径 12cm　　21cm×16cm

　　越窑经历了汉、两晋、南朝的发展，至唐代已形成独特的风格，成为南方著名的青瓷窑口。越窑釉质浑厚滋润，如冰似玉，引来文人骚客的赞美之词。著名的如顾况所赞"越泥似玉之瓯"，许深所书"越瓯秋水澄"，以及陆龟蒙描述的"九秋风露越窑开，夺得千峰翠色来"。唐代凤的形象与高冠长尾的孔雀庶几相同，并成定式。越窑瓷器纹饰中，鹦鹉纹多，凤纹则较少，如此尺寸的针划凤纹大盘则更是罕见。该盘底部有垫烧痕，工艺精湛，造型规整，胎骨致密，釉色青翠，凤纹清晰，生动传神，堪称越窑精品，虽残尤珍。

　　图一为五代越窑青釉剔刻浮雕鹦鹉纹小盏。剔刻的鹦鹉纹饰有雕塑立体感，呼之欲出。此一大一小，两种风格的纹饰，难得一见。

底径 4.4cm　　6cm×7cm

图一

五代 越窑青釉瓜棱执壶(修复)

口径 10.5cm　底径 9cm　高 23cm

　　撇口、短颈、溜肩、瓜棱腹、浅圈足,口沿修复。壶身一侧置弯流,另一侧置曲柄,连于颈、腹之间,壶内外满施青釉。造型规整,端庄大气,器物更趋实用,为典型的五代时期执壶。

五代 定窑盘

口径 16.5cm   足径 8.5cm

　　斗笠状, 碗壁呈 45 度斜出, 壁薄, 圈足, 口沿微撇, 胎质致密, 胎色洁白泛微黄, 釉色乳白, 釉层微薄坚硬, 釉薄处可见胎上旋痕。碗外壁施釉可见泪痕或漏釉斑, 足内无字有釉斑。与上海博物馆藏定窑盘相似。

五代 定窑白釉水盂

口径 2.5cm　底径 2.3cm　高 3cm

　　饼足,足无釉,胎质细腻致密,内外施釉均匀,釉色莹润,白中微黄,肩部三道弦纹,弦纹上贴塑三朵小花,小巧雅致,乃案头文房之宝。

　　五代北宋越窑青瓷,胎质细腻,胎壁较薄,釉层均透,釉质腴润,青釉莹亮,质如碧玉,且器型繁多、典雅秀美。此一组盘、盏片,以刻划龙纹为主,在传世越窑瓷器纹饰中较为少见。此类瓷器多为皇宫或官府定烧,难得一见。有的底部刻有"上""永"字款,虽为残片,可见越窑"千峰翠色"之魅力。

五代～北宋　越窑青瓷刻划龙纹盘瓷片一组

五代～北宋 越窑刻划凤
鸟穿花纹盘(残)

足径 8cm

　　越窑瓷器有工者为上品。
此残盘矮圈足,足底施釉,有
垫烧痕。器型规整,胎质致密
坚硬,口沿内的二道弦纹间,
刻划卷草纹;盘心刻划凤鸟穿
花纹饰,满施青釉,釉色青翠
光亮。图案刻划细腻,精美绝
伦,虽残尤珍。

北宋 越窑青釉划花莲蓬纹盏托
底径 8.5cm　图一

北宋 越窑青釉刻划莲瓣纹盏托
直径 13cm　图二

直径 7cm　图三

　　复旦大学文博系唐纬在其《从越窑青瓷盏托看宋代茶事的繁盛》一文中提道:茶文化是中国人所独有
的,宋代的茶文化在唐代的基础上更加繁盛。上自皇亲国威,下到平民百姓,特别是文人雅集时,更是痴迷此
道。社会上饮茶之风的盛行,必然对茶具尤其是以越窑青瓷为代表的茶具产生了巨大需求,盏托则应运而
生。宋徽宗《文会图》、南宋刘松年《撵茶图》中都有茶具盏托的图像。魏野《瓯越茶具》记载:鼎是舒州烹始称,
瓯除越国贮皆非。可见越窑茶具之于宋代茶事的独特地位。图中盏托盏沿有圆口、花口之分,宽平沿,沿面刻
划水草纹饰。莲蓬圆柱状托台,刻划有莲蓬(图一)和莲瓣(图二)纹饰。浅腹,高圈足,圈足内有灰白色泥条支
烧痕,底部有圆气孔。盏托满施青釉,釉色青黄,釉质莹润,胎色灰白,胎质细腻。其造型风格受唐代金银器成
型工艺的影响,器物宛若出水荷叶托莲台般精美。图三中盏托虽残存只有托台,但其剔刻的双层覆莲和划刻
的凤穿牡丹纹饰,较为少见。特别是其"千峰翠色"之釉质达到秘色瓷的级别,更是难得。

北宋 青白釉太师少师瓷枕（残）

长 13cm　宽 9cm　高 9cm

　　宋景德镇湖田窑瓷塑枕在工艺、造型、雕塑等方面独树一帜，登峰造极。特别是动物、人物瓷枕，精美绝伦，而狮形枕尤胜。此枕是北宋典型的动物造型瓷枕，枕面破损残缺，"太师少师"造型完美无缺。器物施满釉，底无釉。狮身以圆雕技法塑造，太狮威严凶猛，少狮可爱调皮。雕刻刀法犀利，线条流畅硬挺，造型夸张神勇。在存世狮枕中少见，属上品，乃不可多得的艺术品。

图一   图二

北宋　青白釉瓷塑玩具一组

　　羊、狗自古便是与人类朝夕相处的忠实伙伴，狗象征着忠诚，羊寓意着吉祥，深受人们的喜爱。图中羊、狗瓷塑组合似一家人，羊如父亲，昂首挺立，巡查四方，以保家人平安；大狗似母亲，小狗是儿子，一卧一立，两相依偎，窃窃私语，温情满满，舐犊之情，溢于言表。图一、图二的狗，注视着这其乐融融幸福的一家，心中充满了羡慕之情，给人感觉很温暖，也动情。

北宋 龙泉窑青瓷花口盏(修复)

直径 11cm 足径 4.3cm 高 4.8cm

　　龙泉青瓷色彩独特，青绿光泽，优雅柔和，风格
独特，有"如青玉温润，似嫩肤柔滑"之美誉。此盏花
口，内外壁刻划曲波纹，以示花瓣叠压；胎质致密坚
硬，器形如宝相花朵，釉色如青玉，盈手可握，虽有
残损，尤可宝也。

北宋 青釉佛首(残)

10cm×8cm

　　此佛首胎质灰白致密,薄施青釉,釉色淡雅。佛首雕塑传神,面庞丰润,宽额丰颐,庄严肃穆,背光贴塑云气纹,寓动于静,达到形神兼备的境界。虽为残件,但可见宋代佛造像之精髓。

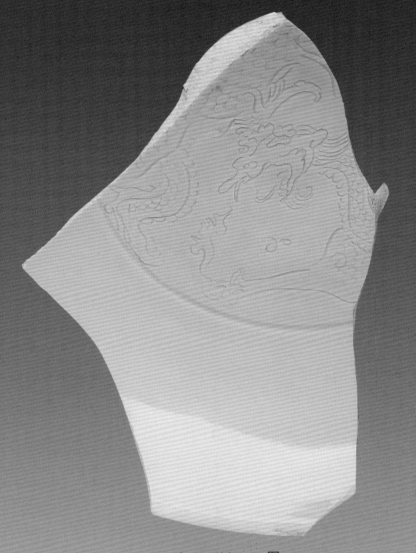

16cm × 11cm　图一

北宋　定窑刻划龙纹大碗瓷片

　　龙为中华民族图腾，被赋予吉祥和权力的象征。定窑的装饰工艺手法以刻花、划花、篦花、印花为主，其中以刻、划方法最具艺术性。图中定窑残片均为陈设器，白釉芒口，釉色乳白微黄，施满釉，胎质细腻坚硬。图一、图二内部都采用刻划工艺，其龙纹三爪、鳄尾、鱼鳞刀法犀利，立体感强。龙形矫健、昂首张口、神态凶猛、气势飞腾。

　　据资料显示，北宋定窑划花龙纹盘稀少，虽为瓷片，但两片龙纹龙头各不相同，更为罕见，值得研究把玩。

10cm × 8cm　图二

宋 定窑模印人物纹盘瓷片

15cm×9cm 图一

口径 12.5cm 足径 3cm 图三

宋 定窑模印婴戏大雁纹斗笠碗瓷片

11cm×6cm 图二

9cm×7cm 图四

定窑是宋代五大名窑之一,以白瓷为主,兼烧黑釉、酱釉、绿釉、紫釉及白釉剔花器。白釉装饰有刻花、划花、印花三种。以人物纹饰为上品。图一为定窑模印道教人物,仙风道骨,手持鹿尾拂尘,模印清晰、栩栩如生。宋代婴戏纹饰在瓷器上多有表现。莲荷婴戏纹饰寓意"莲生贵子,多子多福"。图二所示,斗笠碗残片,芒口,胎质致密,胎色白中微黄,釉质不透明,呈米黄色,施釉极薄见胎,小圈足内有积釉泪痕,碗内口沿处有一周印花回纹。主体模印纹饰为一对童男童女执莲河边踏浪,大雁展翅游走其间。辅助纹饰为荷叶、莲花,一派祥和欢乐的情景,令人遐想。宋定窑模印男女童子嬉戏的图案,在定窑瓷器中极其稀少,难能可贵。宋耀州窑也有童子嬉戏模印纹饰(图三)。北宋越窑瓷器上,婴戏纹技法以白描线刻为主(图四),剔刻婴戏纹少见(图五)。此剔刻婴戏纹瓷片虽小,但其釉色青翠,工艺精湛,可以想象完整器的神韵。"最喜小儿无赖,溪头卧剥莲蓬",宋辛弃疾的诗句中的意境,在瓷器上将孩童天真烂漫、无邪可爱的形象一一展现,呼之欲出。

6cm×3.5cm 图五

宋 定窑婴戏瓷塑 图一

　　历代的瓷塑作品，比同时期实用瓷器的艺术价值和收藏价值都高，婴戏玩具系列瓷塑尤为大家喜爱。图一为宋定窑婴戏瓷塑，呈俯视状。图二为唐长沙窑婴戏瓷塑，呈凝视状。图三、图四为唐相州窑青釉童子瓷塑，婴儿坐在靠背椅上，以大写意手法制作，拙朴可爱，神态顾盼相怜，饶有情趣。图五为唐相州窑小童子瓷塑，特别之处是有两只向上翘起的翅膀，难得一见，父母的"小天使"形象呼之欲出。

图二

图三

图五

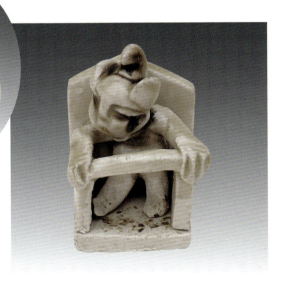

图四

宋 定窑印花满池娇菊瓣盘(残)

口径 14.5cm

　　此盘为圆口,菊瓣纹,器口有芒,矮圈足,全器施牙白色釉,釉色白中偏黄,外壁及足内有流釉痕,造型端正规整,工艺印花繁缛,纹饰层次分明,应为头版模工。每片菊瓣内模印花卉,盘心模印荷花鸳鸯纹,被后人誉为"满池娇"。在元青花中广泛借鉴使用,成为元青花的典型纹饰之一。

宋 "供御"款建盏残片

口径 12.3cm　底径 3.9cm　高 6cm

　　"供御"款建盏是宋代专门为皇帝定
制的建窑贡品，在器型和规格上有严格
要求，如有瑕疵，立即销毁。流入民间的
正品罕见，存世稀少，现市场上发现的大
多是窑址出的残次品。

　　此"供御"款建盏残片非窑址产品，
器型规整，胎黑如漆，釉面黝亮，施釉到
底，垂釉自然，"供御"两字为楷书刻款，
乃建盏精品，虽残尤珍。

宋 乌金釉盏

口径 9.3cm　底径 4cm

　　乌金釉为纯黑釉,不同于黑釉建盏、黑定及吉州窑黑釉,是用含铁量大的釉剂施釉烧成的一种光泽透亮、色黑如漆的纯正黑釉。图中小盏即为乌金釉盏,敞口、短圈足、施黑釉、外壁釉不及底,底足无釉,胎质细腻,胎土较白,挖足不深。台北故宫博物院藏有一只宋乌金釉撇口盏,与之相似。民国十三年(1924)清逊帝溥仪撤出紫禁城后,清室善后委员会点查紫禁城刊印的《故宫物品点查报告》一书记录可知,此品曾储景阳宫,在律字号一六三楠木架上第 25 号,名为无款柴窑铜镶口铙碗一件。因当时资料和认知有限,目前还有待考证。

宋 陶狮纹瓦当

直径 6cm

宋 陶凤纹滴水（残）

长 13cm 宽 5cm

目前所知，最大的"瓦当王"是西安秦砖汉瓦博物馆收藏的汉代瓦当，当面直径足有 60 厘米。宋陶凤纹滴水应为正凤纹图案（见图一），图中凤纹滴水模印清晰灵动，且是倒凤纹，非常少见。狮纹瓦当当面直径只有 6cm，这可能是目前发现的最小的"迷你型"古代瓦当。

残长 19cm 宽 11cm 图一

宋　陶釉人物塑像

高 23cm

　　该塑像为宜兴窑产品,乃二十八宿星君像之一。星君指道教崇奉的星神,道教认为星为日所生,故将日、生两字组合成星。万物之精上列为星。古人相信天人感应,民间认为每人均有一颗星宿值年。在其神仙体系中,星神位尊。

图一

图二

图三

图四

图五

图六

图七

图八

图九

图十

图十一

图十二

图十三

图十四

宋 五大名窑瓷片标本一组

宋五大名窑（汝、官、哥、钧、定）之说，始见于明代皇室收藏目录《宣德鼎彝谱》，世间珍品。而流入民间，则寥若晨星。能有标本欣赏，不亦乐乎。图一、图五、图六、图七、图九、图十为官窑瓷片，图二、图四、图八为定窑瓷片，图三、图十一为哥窑瓷片，图十二为钧窑瓷片，图十三、图十四为汝窑瓷片。

口径 13.5cm　高 13.8cm　　　　　　　口径 7.6cm　高 8.2cm

宋　湖田窑行炉(残)

　　行炉起源于一种被称为"鹊尾炉"的器物。甘肃敦煌莫高窟唐代壁画中礼佛供养人多执此器。到宋辽金时期一直沿用此名,北宋苏轼还有"夹道青烟鹊尾炉"的诗句。

　　自南北朝始,佛教中有一种修持为"行香",即手捧香炉围着佛像绕行三圈、七圈或更多,因香炉既可以固定放置使用,也可以手持行走使用,故称为行炉。唐宋时流行使用瓷质行炉,各种窑口均有烧造。初为礼佛所用,后逐渐成为日常香器。南宋时期,金所使用的折沿炉在造型上沿袭北宋形制,但在细节处加入了其自身的审美意识,特色鲜明。

　　宋代北方流行高足折沿炉,形如高足杯,为开敞式、宽弧沿(或宽平沿)、筒腹、高喇叭状圈足。上部为圆形宽平口沿,中为圆形直腹,下为喇叭状长足,体态修长,乃香炉瓷器中的精品。

宋 吉州窑树叶纹盏残片

底径 3.5cm

　　宋代吉州窑木叶纹茶盏，即在茶盏内壁漆黑的釉色中，装饰一片桑叶，是宋瓷茶盏的稀有名品。宋陈与义《书怀示友》十首其一云：柏树能说法，桑叶能通禅。可以想象，古代文人沉浸在"茶禅一味"的意境中，相互唱和，融通情感，令人向往。

宋 吉州窑黑釉描金诗文梅花盏残片

长 9cm　宽 4cm

　　盏内描金诗文金彩已剥落，现残存"林雪里"三个字。虽为残片，但吉州窑文字盏罕见，乃弥足珍贵，值得研究收藏。

宋 吉州窑绿釉印花小盏

口径 11cm

　　吉州窑绿釉盏属低温釉瓷。小盏内模印缠枝牡丹花纹,内外罩绿釉,釉面莹润,釉水光亮,模印清晰,制作精细,是宋吉州窑瓷器的小精品。现可作茶盏托使用。

宋 吉州窑绿釉刻划蕉叶纹八方形枕

长24cm 宽12cm 高8cm

明《格古要论》载：吉州窑宋时有五窑。从出土瓷枕片中已得知有"舒家记""陈家号记"及谢、郭四家窑户的印记。此"曾家记"枕的出现，使吉州窑五窑户之名得以补齐，甚为难得，存世稀见，极具收藏价值。吉州窑低温绿釉受宋代北方瓷窑影响而烧造，是吉州窑早期产品。该瓷枕八角形，侧面有四个支烧痕，竖立烧造。泥质红黄色胎，胎质致密，满施绿釉。枕面刻一片蕉叶纹，周边划弦纹，线条利落，布局均衡。枕边八棱做成竹节状，侧面压印菱形纹，底周沿有釉斑。底中压印"曾家记"铭文，字体为竖立楷体阳文，侧面正中有一通气孔。与西汉南越王墓博物馆所藏瓷枕相似。

宋 吉州点褐彩石榴形粉盒

腹径 6.5cm　底径 4cm　高 6cm

　　此粉盒石榴形制,小平底,盖钮塑成石榴蒂状,施褐彩。胎色灰白,满施米黄釉,釉面开片。造型规整,质朴秀美。

南宋 吉州窑黑釉剔花凤纹梅瓶残片

16cm×13cm 图一

吉州窑始建于晚唐，衰于元末。产品主要以黑釉瓷、乳白釉瓷为主。图一为南宋吉州窑黑釉剔花凤纹梅瓶残片，运用剔花工艺刻制凤纹，形成强烈反差的艺术效果。与美国哈佛大学赛克勒博物馆藏吉州窑剔花双凤梅瓶如出一辙，虽残尤珍。图二所示南宋吉州窑香炉残片，胎质致密坚硬，釉水光亮润泽。从残片看，应为双耳，炉体满绘纹饰，方耳绘花草纹，颈肩部绘唐卷草纹，器身绘凤纹，较为罕见。图三所示残瓶，胎色白中带黄，瓶体薄施白釉，瓶底不施釉。腹部绘锦地双开光，内画写意莲苇鸳鸯，水中嬉戏。寥寥数笔，生动传神，饶有情趣。与广东省博物馆所藏吉州窑芦苇鸳鸯纹瓶相似。

南宋 吉州窑香炉残片

残长 12cm 图二

南宋 吉州窑芦苇鸳鸯纹瓶（残）

足径 5.8cm 图三

南宋 吉州窑绿釉鸳鸯砚滴

长 7cm   图一

在北宋末期至南宋初期,绿釉瓷兴起,其属于低温铅釉。从现有资料看,绿釉瓷塑产品存世稀少。图一为绿釉鸳鸯砚滴,绿釉光亮,略有返铅现象,背部有一出气孔,嘴部出水,造型准确,雕刻细致,生动传神。图二为绿釉马头。图三可能是佛龛或祭祀用器残件,上刻文字,较为少见。图四为绿釉仕女。虽"管中窥豹",但仍然能够感受到南宋吉州窑瓷塑的魅力。

南宋 吉州窑绿釉马头瓷塑

5.5cm×6.5cm   图二

南宋 吉州窑文字瓷片

5cm×4cm   图三

南宋 吉州窑绿釉人物瓷塑

图四

92

南宋 吉州窑童子瓷塑(残)

长 9cm　宽 3.5cm

　　图中所示童子瓷塑是江西境内两个不同窑口的瓷塑，其造型、大小惊人的相似。吉州窑童子釉色润泽，褐彩点缀，景德镇窑素胎童子胎质油亮，璎珞装饰。姿态侧卧，造型都生动活泼，顽皮可爱。且盈手可握，尤为难得，可案头把玩欣赏，虽残尤珍。

南宋 景德镇窑素胎童子瓷塑(残)
10cm × 4cm

南宋　景德镇窑青白釉加彩生瓷观音塑像(残)

高 23cm

　　南宋生瓷佛像是瓷器造像的巅峰作品，精美绝伦，世人宝之藏之。该佛像胎质细腻，胎色接近肤色。衣襟、长袖及胸前璎珞处施青白釉，釉水肥厚清亮。口点朱砂，裙涂朱砂贴金，面、手、冠、衣等涩胎无釉。观音端坐宝座，头戴珠冠，左臂曲肘，右手扶膝，袒胸宽袖，长衣着裙，面容慈祥，笑看众生。与现藏上海博物馆南宋青白釉带彩观音坐像神似（图一）。

图一

南宋 湖田窑粉盒

口径 8cm

　　南宋湖田窑粉盒存世量较多，但盒底印有"段家合子记""许家合子记"等十多家作坊牌号的较少见。此粉盒造型如梅花，做工考究，底印有"叶家合子记"字样，模印清晰，盒内釉水光亮莹润。

　　由此可见，宋代就注重广告品牌的营销宣传，商业竞争从古至今无处不在。同时也映衬了宋朝盛世的繁华景象。

南宋 湖田窑模印双鱼纹盏

口径 10.5cm 高 2.2cm

　　敞口,口沿刮釉成芒口,有包银痕。浅腹,平底微内凹,满施青白釉,积釉处泛碧绿,胎骨致密,胎体超薄。内壁口沿下印一周回纹,中间印谷浪纹,内底模印同向双鱼纹,荷花、荷叶相间左右,活脱脱一幅《鱼戏莲荷图》,乃湖田窑盏中精品。

南宋 湖田窑影青童子塑像

高 3.8cm 长 4cm

此童子瓷塑造型写意,注重神似,小巧玲珑,湖田釉色白中闪青,釉质莹润。眼睛以褐色点出,炯炯有神。此俯卧造型极为少见,适合案头把玩。

南宋 湖田窑盘龙贴塑灯盏（残）

底径 7cm 残高 14cm

　　宋朝塑龙纹瓷器多为冥器或魂瓶，此灯盏乃生活用器。

　　此盏胎质坚致腻白，器型高挑，造型优美。底部为六角形状，并刻划纹饰；中部为盘龙眺望，呼之欲出，活灵活现；上部残缺部分为灯盏。其精美部分为盘龙，保存完好，真是难能可贵。为南宋湖田窑精品，存世罕见，制作精致，端庄典雅，釉色如湖水，类冰玉，清亮可人，虽残尤珍。

南宋 湖田窑青白釉狮形瓷塑

长 6cm　高 5cm

　　狮子象征权威、力量、勇敢,有王者风范。狮形图案和雕塑在历代瓷器上都有呈现,表现手法有描绘、刻划、贴塑和雕塑等,但风格各异。南宋湖田窑青白釉狮形瓷塑,突出头部塑造,以夸张的手法表现狮子的凶猛和权威,体现了宋人尚意的审美取向。图一清康熙青花狮形瓷塑,注重整体造型的完美,突出狮子威严又慈爱的保护神形象,体现了人们祈求平安吉祥的心愿。独领风骚,各有千秋。

长 7.5cm　高 5cm　图一

南宋 湖田窑"太平有象"瓷塑（修复）

高 14.2cm

　　"太平有象"是中国传统吉祥纹饰。象，瑞兽，厚重稳行，背驮宝瓶，故有"太平景象""出入平安""喜象升平"之说，寓意河清海晏，民康物阜。陆游曾赋诗：太平有象天人识，南陌东阡捣麦香。象已然成为吉祥、喜庆的祥瑞象征。

　　此"太平有象"瓷塑，体态硕大，造型敦厚，和善慈祥。其雕塑精美，惟妙惟肖。影青釉釉质肥厚，釉水莹润，积釉处泛青绿，有缩釉现象。象首侧视，上有露胎和挂釉两种贴花，交相辉映。象眼以褐彩点缀，生动传神。象身装饰有璎珞、绶带、挂毯等，喜气洋洋。惜瓶、三腿缺失（已修复），但丝毫不掩其艺术魅力。此神韵俱佳之瓷塑，仍南宋瓷塑精品力作，虽残尤珍。

南宋　湖田窑鳌鱼砚滴（残）　图一

宋末元初　湖田窑人物砚滴　图二
6cm×7cm

砚滴是文房用具，研墨时注水用，民国许之衡《饮流斋说瓷》曰：水滴，象形者，其制甚古，蟾滴、龟滴由来已久，古者以铜，后世以瓷，明时有蹲龙、宝象诸状。砚滴由口、腹、提、吐水等部分组成，多见蟾蜍、舟、鱼等形状，宋鳌鱼形砚滴较为少见。宋苏轼《夜直玉堂携李之仪端叔诗百余首读至夜半书其后》诗曰：愁侵砚滴初含冻，喜入灯花欲斗妍。鳌鱼是古代中国神话传说中的动物，龙头鱼身，终日遨游大海嬉戏。图一为鳌鱼形砚滴，胎质洁白坚硬，釉色光亮，积釉处泛青，龙睛以褐彩点出，腹两侧剔刻鳞片纹，其象鼻形龙头造型，时代特征明显。图二为人形砚滴，罗汉造型，超凡脱俗，小巧玲珑，难得一见。图三为婴戏龙形砚滴，下部惜失。胎质细腻，釉色白中泛青，光亮玉润，上部塑一童子骑在龙背上，手握龙角，做嬉戏状，有望子成龙之意。此造型独特，难得一见。

南宋　湖田窑婴戏龙形砚滴　图三

南宋 低岭头窑鹅颈瓶(残)

底径 8cm　残高 15.5cm

　　低岭头官窑型产品,与越窑传统风格不同,而与官窑产品
非常相近。这类窑址主要分布在低岭头、张家地、寺龙口等地,
以低岭头窑址最为典型。因为它与北宋汝官窑及南宋郊坛下官
窑产品非常相似,所以称之为"官窑型产品"。此鹅颈瓶残件,其
颈部缺失,瓶身和底部完整。胎质细腻坚致,呈香灰色。瓶内外
施釉,胎釉结合紧密,釉色粉青,釉质莹润,釉面有凝脂感,不透
明,呈乳浊状。圈足刮釉垫饼装烧。底足有釉,且隐约有"徽之"
墨书,有待考证。据文献记载,"低岭头官窑型产品"早于南宋官
窑,自绍兴四年(1134)开始烧造,经 10 年左右退出历史舞台。
其工艺、造型都影响南宋官窑,不比南宋官窑逊色。

南宋 龙泉窑青釉凤耳盘口瓶(残)

盘口 6.4cm　高 11.5cm

　　龙泉窑陈设器属高档瓷器。此瓶残件系南宋龙泉窑青釉凤耳盘口瓶上部,盘口,直颈,折肩,直腹,颈部两侧各置一凤耳。胎色灰褐,釉质肥厚,釉色玉润青翠,造型典雅大方。虽下部残缺,也不失其魅力。

南宋 龙泉窑鬲式炉（修复）

腹径 12.2cm　高 11cm

　　鬲式炉仿青铜鬲，古时作祭祀或陈设之用。该炉折沿（银质修复），短颈，扁圆腹，下承以三足，肩部装饰凸起弦纹一道，腹部与三足对应处饰有三条凸起的扉棱线，仿青铜器装饰纹样，扉棱线凸起处釉薄呈浅白色，形成出筋效果。满施梅子青釉，青翠典雅，三足底部露胎，有铁锈红色，是南宋龙泉窑鬲式炉的典范作品。

南宋 龙泉窑菊瓣纹碗

口径 14.5cm　足径 4cm　高 6.3cm

　　龙泉窑品种虽多，但发色纯正的较少。该碗与衢州博物馆收藏的南宋龙泉窑菊瓣碗类似。敞口，弧腹，小圈足（露胎处有火石红），底部满釉并有一乳突，外壁刻菊瓣纹，满施梅子青釉，发色纯正，温润如玉，口沿及菊瓣凸出部分出筋处微透白色。胎质细腻，造型秀美，亭亭玉立，赏心悦目。

南宋 龙泉窑梅子青釉洗

口径 12.4cm　底径 6.5cm

　　敞口、唇边、弧腹、圈足,内外壁光素,下腹内折,器型规整,端庄秀美,满施青釉,釉层肥厚,釉质莹润,青翠欲滴,惹人喜爱。

南宋 龙泉窑梅子青釉贴塑双鱼洗

口径 13cm 底径 6.7cm

　　折沿,敞口,浅腹,圈足,足内满釉,洗内塑贴两条游鱼。器型来源于汉代青铜双鱼洗。釉色青翠欲滴,釉质肥润光亮,鱼纹清晰灵动,堪称龙泉至宝。塑贴双鱼首尾相戏,承鱼水之欢,寓意有缘人两情相悦,终成眷属。

南宋 生瓷童子坐像(残)

残高 9cm

图示生瓷童子,坐姿,涩胎上贴金描朱,惜头、手残缺。"细节决定成败",童子"小麻雀"藏于瓷塑底部内侧,工巧之致、生动自然,与图一康熙青花童子"小麻雀"外露形成鲜明对比,体现了宋代尚意之艺术理念。"露与藏"也表现了不同朝代的审美倾向。

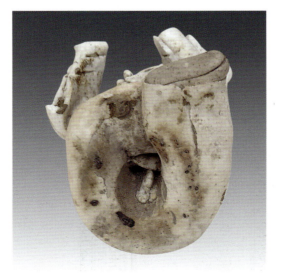

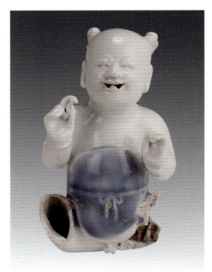

图一

南宋　生瓷童子立像(残)

高 11cm

　　南宋圆雕瓷塑极为少见。图中生瓷童子,原先饰以天然矿物颜料,由于未经焙烧,至今已褪色剥落,但神韵宛在,虽残尤珍。

南宋～元 高丽青瓷碗(残)

口径 19.5cm   底径 6.6cm   高 8.7cm

　　高丽青瓷是高丽时期继承了新罗时代陶瓷器工艺传统生产的瓷器。早期借鉴学习中国唐宋青瓷,如越窑、龙泉窑等窑口瓷器特色,追求单色釉柔和、玉质效果,以翡翠色、青绿色青瓷为美。晚期借鉴金银器的工艺镶嵌法,黑白两色对比分明,图案有人物、动物、植物等,尤以仙鹤云纹和植物花卉居多。器型有盏、碗、瓶、壶等品种,其装饰工艺,独树一帜,是高丽青瓷的一大创新。高丽诗人李奎报曾赋诗赞美高丽青瓷:"影影绰绰如青玉,玲珑剔透如水晶"之美。被宋代太平老人在《袖中锦》中称谓"天下第一",世人瞩目。国内高丽青瓷流传、出土较少,但扬州时有高丽青瓷标本出土,由此可见证当时扬州与朝鲜半岛交流的历史印记。该碗为青釉镶嵌云鹤纹大碗,虽残破,但也可赏玩宝藏之。

辽 三彩狮形瓷枕(残)

11.5cm×9.5cm

　　图中枕面(图一)刻画牡丹纹饰,枕面下塑雕一雄狮,浓眉突起,双目圆睁,鼻呈如意状上挺,双耳直竖,獠牙外露,颌下狮毛卷曲,咧嘴示威,气势逼人。其胎体坚硬,满施黄、绿釉,釉质光亮如新,眼睛和耳朵以褐彩点缀,活灵活现,呼之欲出。图二为宋代河南窑口狮枕残件,满施黄釉,其造型憨态可爱,与上图狮枕成鲜明对比,虽残尤珍。

图一

图二

元 钧窑贴塑花卉双耳香炉(修复)

口径 15cm　腹径 17cm　高 17cm

　　直口，圆鼓腹，腹部堆塑葵花纹饰，炉身遍施月白釉，釉水纵横流于器表，釉层肥润，窑变斑斓。底部堆花三足，足根无釉。口沿两侧应各有一长方形直耳。制作规整，工艺精湛，体型硕大，胎骨厚重，气势威武。与现藏上海博物馆钧窑堆花三足炉和内蒙古呼和浩特市白塔村窖藏钧窑香炉相似。在元钧香炉系列中罕见，堪称瑰宝。

元 青花爵杯(修复)

高 10cm

据资料记载,明清瓷质爵杯较为多见,元青花爵杯存世罕见,蓝釉爵杯仅见一件(图一),多为残片。此元青花爵杯,敞口,口面呈叶形,一端尖,一端圆,口沿有一对乳头矮柱,外腹部凸饰弦纹,三足呈三棱形,向外撇开。虽为修复件,但主体纹饰完整,造型规整典雅,青花发色蓝紫,釉色莹润光亮,胎质细腻紧密。沿口饰回形纹,腹部栀子花纹,杯底部仰莲纹,三层布满杯身,纹饰繁而不乱。与明青花爵杯相比(图二),胎体更加轻薄,烧制成品不易,虽残尤珍。

元 霁蓝釉描金爵杯　图一

此杯 1982 年出土于安徽省歙县的一个元代窖藏。

明万历 青花五爪龙纹爵杯片

5cm×6cm　图二

元 青花云龙纹玉壶春瓶(修复)

口径 8cm 底径 8.5cm 高 28cm

　　青花瓷初创于唐代，兴盛于元代。元代青花瓷是青花艺术的巅峰。玉壶春瓶是瓷器的经典器型，经久不衰。龙纹象征皇权和霸气，是中华民族的图腾象征，表现了元朝人的彪悍和勇猛，玉壶春瓶、青花、龙纹三者结合，乃绝妙佳配，足以流芳百世。此件玉壶春瓶，瓷胎采用"二元配方"，腹部接胎，元代工艺特质明显。青花料乃进口苏麻离青，发色蓝紫，釉水光亮如新。三爪龙纹霸气凶猛，体态飘逸。青花先线描后涂抹，有立体感的龙鳞，精致勇猛的龙头，火龙珠形的龙尾，绘画工艺精湛，威武神韵再现，在元青花龙纹中罕见。虽残，也是元青花瓷精品中的精品。

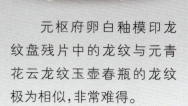

　　元枢府卵白釉模印龙纹盘残片中的龙纹与元青花云龙纹玉壶春瓶的龙纹极为相似，非常难得。

元 青花花盆残件
11cm×8cm　图一

元 青花香炉(残)
口径 7cm　高 9cm

　　元青花小香炉存世量较少。此件器型端正秀美,香炉颈部绘卷
草纹,腹部绘松竹纹,底座绘简回纹,胎质致密油亮,青花发色蓝
紫,釉色光泽莹润,底座施釉不到底。图一中元青花花盆残件上,也
绘画了松竹梅的纹饰。香炉虽口沿、炉耳残缺,但气韵尤存。

东瀛国际 2019 春拍上有一
元青花香炉,与之相似。

元 青花大雁穿花纹扁壶(残)

腹径 12cm 长方形底足 7cm×4.5cm 残高 17cm

　　元青花完整器存世很少。元代，海外贸易进一步扩大，中东地区兴起对中国青花瓷的需求。这一时期，利用中东进口钴料，烧制了一批胎体洁白、釉色纯净、青花翠艳的外销瓷器。此残壶就具有阿拉伯风格的器型，壶执柄、壶口、壶嘴遗失，但壶身较完整。壶身绘大雁穿花纹饰，方形足上饰覆莲纹，构图疏密有致，繁而不乱，绘画生动精彩，主题突出。青花发色翠蓝，釉面莹润光亮。泓古代艺术学社与青云艺术园蕴舍空间联合主办的"天禄佳器"中国古代酒器特展上的展品(图一)与此残壶相似。乃元青花中精品，虽残尤珍。

图一

元 青花月映梅斗笠高足杯(残)

口径11.8cm 底足径 3.6cm 高 9.8cm

敞口,尖底,斜直壁,器壁极薄,迎光半透明。竹节状高足,足底削边处露胎,有一窑裂。胎质洁白细腻,青花色泽翠蓝,间有沉着的黑锈斑。杯内沿边绘一道弦纹,内壁一侧绘梅花一枝,另一侧画一钩弯月和"之"云纹,杯心内饰梅花一朵。经查阅有关资料,此高足杯与现藏河北省博物馆元青花月映梅纹高足碗(河北定兴窖藏出土)形同双胞胎。到目前为止,存世较完整的元青花月映梅高足杯仅 3 件左右。冯先铭著《陶瓷研究与鉴定》一书中阐述:河北省定兴县窖藏的一件青花月梅纹高足碗,大口尖底,碗下部高足的高度与碗高约略相等。足外凸起弦纹六条,碗与足的胎都很薄,是目前所见出土元青花中唯一属于早期的一件作品。其珍稀程度可想而知,虽残尤珍。

元 青花梅瓶盖(残)

直径 9cm

　　梅瓶始见于唐朝,盛行于宋元时期。最初是盛酒器,又曰酒樽。高安元代窖藏出土梅瓶 6 件,其梅瓶盖内壁上,分别有"礼、乐、射、御、书、数"墨书楷体字,象征"六艺"。此盖残缺,呈盏状,花苞钮(缺),子母口套合结构,子口呈锥管状,内壁素胎。进口苏麻离青料,以瓶盖花苞钮尖为中心,上部绘一圈卷草纹,外壁绘覆莲纹一周,莲瓣内填云头托垂珠纹,青花发色纯正。梅瓶盖因经常使用,极易损坏。元青花梅瓶原配盖可见高安元代窖藏,其他私人或博物馆藏梅瓶有盖则少见,弥足珍贵。

元 青花执莲童子仙鹤纹花口砂底小盘(残)

直径 16cm

　　元青花瓷器纹饰以绘人物为上,动物、花卉次之。人物绘画有故事情节或典故,如西厢记、萧何月下追韩信等。元青花瓷器上的人物造型准确,线条流畅圆劲,用笔精细到位,绘画生动传神。特别是人物开脸饱满,服饰华丽,体态丰润,得元人绘画真味。该瓷盘葵口,砂底,青花用料是进口苏麻离青料配方,画面表现的是持莲童子戏鹤,仙鹤展翅舞蹈,鹤唳声声,童子持莲,侧脸专注,笑意连连,神态逼真。花卉和树木映带左右,营造了和谐美满、生机勃勃、仙意浓浓的场景,令人神往。此乃元青花小盘中的神品之作,虽残尤珍。

在元青花诸多器型中，高足杯数量较多，但绘制人物图案的稀少。童子莲荷纹寓意吉祥、美满、富贵、长寿。图一、图二、图三中元青花高足长短不一，持莲童子人物造型各异，描绘工写结合，神情顽皮可爱，体态丰满壮实，有马上民族的体魄和风采。虽残尤珍。

元 青花持莲童子纹高足杯(残)
足径 3.3cm 图一

元 青花持莲童子纹高足杯(残)
足径 3.3cm 图二

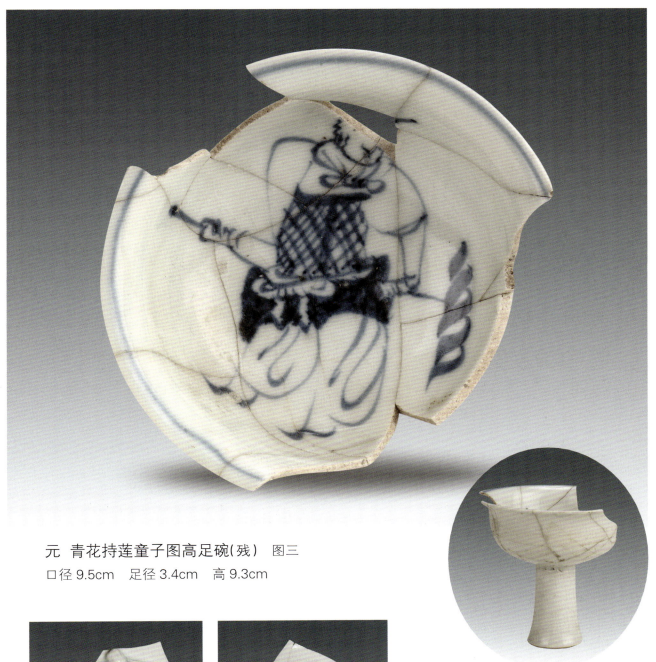

元 青花持莲童子图高足碗(残) 图三

口径 9.5cm 足径 3.4cm 高 9.3cm

元青白釉高足杯中,有外壁贴塑童子戏莲纹的（图四）也罕见,能藏之,是缘分。

图四

元 青花八大码海碗底残件

底径 13.3cm　16cm×12cm

　　从现有资料分析,元青花瓷器得到世人认可不过才 80 年,元青花瓷器的品种和其他瓷器一样,瓶、碗、杯、洗、盘、匜、罐无不涉猎。但碗的口径一般在 15 ~ 30 厘米。元青花大碗相对元青花大盘而言极其稀少。迄今为止,仅见土耳其伊斯坦布尔托普卡帕宫博物馆、伊朗国家博物馆、日本大阪市立东洋陶瓷美术馆等少数机构拥有。土耳其伊斯坦布尔托普卡帕宫收藏的元青花花口大碗,碗心留白缠枝莲花纹,直径达 40.5 厘米,高 18.5 厘米,在全世界都极为罕见。元朝时,扬州设有官府,且是全国著名的贸易港口及商品集散地,商贾云集,进出口商品频繁。此碗从造型和纹饰来看,属伊斯兰文化风格,是西亚或阿拉伯国家定制的瓷器。可能是在交易或运输过程中不慎摔破,而留在扬州。碗心青花料是纯正的进口苏麻离青,发色紫蓝,碗心留白缠枝莲花纹,内壁留白八大码杂宝,底径 13.3 厘米。与托普卡帕宫收藏的元青花花口大碗类似,可能是一对,见证了两国的友谊源远流长。虽残损了,但值得收藏和把玩。

元 青花模印缠枝菊纹枢府文字盏（残）

口径 15.5cm　底径 4.8cm　高 4.5cm

元青花加模印和文字的瓷器较为少见。2012 年香港苏富比秋拍元青花高足杯，杯外进口苏青料三爪龙纹，杯心绘青花折枝菊花，内加模印四爪双龙逐珠纹，并带有"玉"字模印铭文，口沿缀青花卷草纹一周，属于上等官用器，直径 11.5 厘米，玫茵堂珍藏。此残盏，敞口，浅腹，圈足，底部有一乳突，无釉。胎质细致紧密，造型规整，满施鸭蛋壳青釉，釉面光洁莹润。外壁口沿绘青花缠枝菊纹一周，内壁口沿绘变形回纹，口沿至下腹部模印缠枝菊纹，其间前后对称模印"枢府"两字遥相呼应。盏心模印缠枝花卉，其上绘青花火焰珠纹。此盏与上述高足杯制作工艺相同，难能可贵，虽残尤珍。

口径 8cm　足径 3.3cm　高 9.2cm　　　　　　口径 8cm　足径 3.6cm　高 9.1cm

元　青花文字高足杯（残）

　　高安博物馆藏有一件元青花诗文高足杯，上有"人生百年常在醉，算来三万六千场"青花文字。此两只高足杯，侈口，深腹，喇叭形圈足，呈竹节状。胎质细致，釉面清亮，白中泛青灰色，杯身外部两道青花圈之间，青花书写草书"三盏和万事，一醉解千愁"和"百年长在醉，三万六千场"诗句，书法率性，用笔流畅，一气呵成，气韵生动。既点出了此杯乃文人雅士饮酒作诗之用，又不失为一种抽象装饰。宋当阳峪窑有一盏底（图一）白地红彩书写了"百年浑是醉，三万六千场"的诗文，真是异曲同工。唐长沙窑小盏中（图二、图三）有褐彩书写"美酒""香"文字，我们似乎闻到了"美酒香"的味道。酒文化是生活中永恒的主题，把玩时可倘徉在诗意的氛围中，追忆古人的闲情逸致。

唐长沙窑褐彩文字盏（圈足）
图二

唐长沙窑褐彩文字盏（饼足）
图三

图一

13cm×4cm　图一

12cm×8cm　图三

图二

元　青花拱捏工艺赏盘瓷片

　　元青花拱捏工艺的传世瓷器完整器,从资料和馆藏来看,至今未见记载。到明清时期,此工艺已失传,未见作品传世。拱捏工艺是在器物表面或底部,在其胎土未干之时,用手指或借助工具,将动物身体或器物造型的部位,拱捏凸出来,有立体感和雕塑韵味。这需要工匠操作的力度和技巧有机统一,对胎土质地和胎体厚薄都有严格的要求,否则在烧制过程中,会因收缩比的原因造成裂或变形,成品率极低,这也是至今未见整器作品传世的主要原因。由此可见工匠的聪明才智和创新精神。据了解,至今元青花拱捏工艺精品瓷片传世也罕见。图一为花鸟纹。图三为香炉花卉纹。图五为鹤莲纹。青料为进口苏麻尼青料,发色幽蓝。图七所示明万历青花模印鹤纹瓷片,则是在凸印的

图四

基础上用青花点缀鹤嘴和鹤脚,其工艺技法也较为少见。图二、图四、图六为盘底凹部,砂底无釉,其工艺精湛,匠心独运,珍稀程度可见一斑。

图六

12cm×8cm　图五

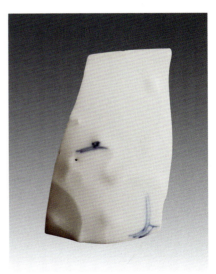

图七

口沿外侈、弧腹、竹节状高足、微撇，杯内口沿绘一圈变形回纹，杯心绘鸳鸯莲池纹，也称"满池娇"。图一的鸳鸯绘制更加细致入微，其胎体轻薄细腻，青花发色幽蓝，釉质莹润光亮。可作资料研究，亦可赏玩。

元　青花鸳鸯莲池牡丹纹高足杯(残)
足径 3.6cm　足高 4.7cm

足径 4cm

图一

元　青花兔纹高足杯(残)

口径 8cm　　足径 3.5cm　　足高 4.7cm　　高 8.5cm

　　口沿外侈、弧腹、竹节型高足、微撇,胎质洁白细腻,杯口内一圈卷草纹,杯心绘制兔纹,做回首状,活灵活现、栩栩如生。杯外壁绘缠枝牡丹纹,富贵高雅。青花发色蓝紫,有铁绣斑沉淀,造型亭亭玉立,虽残尤珍。

元　青花牡丹纹高足杯（残）
足径 4.2cm　高 9cm

元　青花虾蟹纹高足杯（残）
足径 4cm　高 9cm

　　口沿外侈、弧腹、高足外
撇，并有一凸起弦纹，底足有火
石红。一只杯心绘缠枝牡丹纹；
一只杯心绘蟹虾纹，胎质洁白
致密，青花发色蓝紫，有铁锈斑
沉积。特别是蟹虾纹饰在元青
花系列中较为鲜见。

元 青花贴塑螭龙纹碗瓷片

12.5cm × 6.5cm

　　青花用料是进口苏麻离青料,发色幽蓝泛紫,碗内绘有缠枝葫芦花纹,碗外贴塑螭龙纹,生动传神,活灵活现,下部绘有仰莲瓣纹。从现有资料显示,到目前为止,元青花塑贴螭龙纹瓷器暂未发现馆藏整器,此片乃元青花珍稀品种,填补了元青花系列瓷器的空白。与现藏高安博物馆元景德镇窑釉里红彩斑贴塑螭龙纹转心高足杯(图一),有异曲同工之妙,足可宝之。

图一

6cm×3cm

元 青花高士、仕女、童子图瓷片

　　元青花瓷器上的人物故事多取材于元杂剧或历史名著和典故,其绘画技艺精湛,人物尤胜。图中人物造型准确,栩栩如生,其深厚的绘画功底和技艺令人赞叹,极有可能是丹青高手的杰作。人物绘画以工笔线描,后青花平涂,层次错落,比例得当。人物面部饱满圆润,表情生动传神,细节描绘精致,立体感增强,有呼之欲出之感。青花用料细腻纯正,以苏麻离青进口料为主,人物面部及衣服装饰等细部工笔描绘,色彩自然,晕散结晶,匠心独运,有极强的艺术感染力。到目前为止,存世的元青花人物故事瓷器仅有几十件。从图中高士、仕女、童子的残存可领略元青花人物瓷器的神韵和魅力。

6cm×4cm

4.5cm×3.5cm

3cm×1.8cm

元青花重器馆藏、窖藏、传世有一定数量，文房用具及精品小件较少，绘制飞禽纹饰则更少。图一所示印泥盒盖，下部绘变体回纹一周，上部绘大雁穿云纹饰，生动传神，寓意高中折桂。图二、图三分别为凤鸟穿花高足杯残件和禽鸟纹碗底。青花发色浓艳黑紫，铁锈斑深沉入胎骨。乃元青花小精品，可把玩欣赏。

元　青花大雁纹印泥盒盖（残）

直径 8.5cm　图一

元　青花凤鸟穿花纹高足杯残件

6cm×5cm　图二

元　青花禽鸟纹碗底残件

足径 6.8cm　图三

元 青花龙纹碗心残件
足径 6.8cm

元青花瓷器中,动物纹饰表现最多的是龙纹。有模印、青花、划花、模印加青花等形式,展示了元朝草原霸主对龙勇猛祥瑞的图腾崇拜。碗、杯、盘、瓶等器型都有描绘,技法有写意、工笔、兼工带写等,写意描绘多,工笔描绘少。青花用料、配方考究,根据器物的大小、纹饰、用途等不同而选之。此碗心和玉壶春残片上工笔描绘的龙纹,凶

猛威武,霸气十足。苏麻离青进口青料,发色浓艳,泛蓝色结晶点,乃宫廷和官府用器,是不可多得之上品。同时期,元青白釉碗心刻划的龙纹与此元青花龙纹神似,有异曲同工之妙,虽残尤珍。

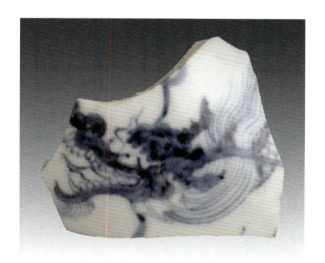

元 青花玉壶春龙头残片
5.6cm×5.5cm

元 青白釉龙纹碗心残件
底足 7cm

元　青白釉点褐彩印盒

直径 7.8cm　底径 4.2cm　高 5.2cm

　　此印盒应为景德镇窑出品。印盒造型饱满,器型端庄,印盖施
釉,并作散点褐彩,乃文房精品。

元　青白釉童子瓷塑

　8cm×3cm　　6cm×3cm

　　宋元人物瓷塑非常精美,神韵俱佳。此一对童子瓷塑,通体施青白釉,釉色白中泛青,平底露胎,胎质致密。女童发梳双髻,男童头顶留海,面相丰腴,颈挂璎珞,右手执桃,左手扶膝,双腿盘坐,怡然自得,真是父母的掌上明珠。

元 青白釉竹节状鸟食罐

口径 1.9cm 长 5.1cm

　　鸟食罐成型于汉唐，成熟于宋元，兴盛于明清。其形状一般为圆形器，少见于方形。此件鸟食罐，元代，青白釉，长竹节状，有四道竹节，竹节为两圈弦纹凸起，口圆。第二竹节处有一圆柱状横系，底部平切露胎，罐内不施釉。其形较为稀少，可把玩欣赏。

元 青白釉模印开窗凤鸟纹高足杯(裂)

口径 10.6cm 足径 3.5cm 高 10cm

　　敞口外侈,弧腹,高足微撇,足底有火石红。器型端庄秀美,胎质洁白坚硬,满施青白釉,杯与高足连接处积釉泛青,釉色莹润光亮。杯体模印纹饰分三层,口沿向下第一层为卷草纹,第二层为开窗鸾凤纹,前后左右四个开窗,每个开窗都有一鸾一凤头尾相逐,第三层为莲瓣纹。其寓意爱情甜美、吉祥如意、事业兴盛、国泰民安。虽残尤珍。

元 青白釉划花荷鸭纹盏

口径 16.2cm　底径 5cm

　　"春江水暖鸭先知"。此盏饼底,施青白釉,口沿无釉,外刻莲瓣纹,内划花鸭纹和荷花纹饰,与图一北宋龙泉窑划花鸭纹莲池图盘(残)相比,更加简化,寥寥几笔如同速写,生动传神,体现了元人粗犷大气的艺术风格。

口径 19cm　图一

元 青白釉褐彩人物瓷塑(残)

8cm×7cm

　　塑像胎质细腻致密,满施青白釉,眉毛、胡须、头发以褐彩点染,釉质莹润光亮。人物造型饱满,雕刻细致,注重细节塑造。面含微笑,大耳垂肩,袒胸露背,大腹便便,似八仙中汉钟离形象,是富贵、财运的象征。塑像神采奕奕、栩栩如生,由此可见元代瓷塑的艺术魅力。

元 枢府釉开窗贴塑双狮荷塘纹执壶(残)

腹径 13.5cm 足径 10cm 残高 17cm

　　元枢府瓷又称卵白釉瓷,元代创烧的卵白釉瓷是朝廷定烧的高档瓷器,也是在宋代景德镇青白釉的基础上发展而成,其色白微青,呈失透状,颇似鸭蛋壳色。此残壶在传统枢府瓷的基础上,增加了贴塑工艺,壶体前后以串珠纹开窗,内贴双狮盘球和鸳鸯莲池纹饰,惜残缺龙柄和壶嘴。但其造型端庄大气,工艺精湛独特,釉质莹润肥厚。其完整器国内罕见,虽残尤珍。

此图为国外博物馆或收藏机构的藏品

元 枢府模印龙纹"玉"字款高足杯(残)

足径 3.5cm 高 9.2cm

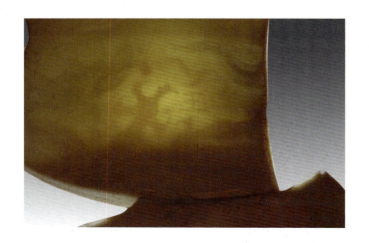

　　元枢府釉模印龙纹高足杯存世较多,但多为残件,胎质致密、釉色滋润、模印清晰者则少见。此件高足杯在模印龙爪部位有"玉"字款,十分罕见,虽残尤珍。

元　枢府釉开窗镂空贴塑花卉高足杯(残)

10.8cm×6.5cm

　　镂空工艺也称"透雕",最初出现在新石器时代陶器上,至元代出现双层结构的枢府釉镂空高足杯。图中残器与扬州博物馆藏元镂空折枝花高足杯和国外博物馆藏元镂空窗景高足杯相似,但其工艺技法和难度则远远高于后两件。此残杯杯口外撇,深腹,腹下接喇叭形高圈足,杯身为中空双层结构,外壁镂空雕塑折枝花卉,外侧堆塑菱形联珠纹景窗。菱形景窗之间,用珠塑上、下如意形花纹。杯身下部与高足连接处有一圈凸起卷草纹,并有一圆形排气孔。其工艺精湛,装饰繁缛,匠心独运,世所罕见,有极高的学术价值和收藏价值。

元　磁州窑鱼藻纹大盆(残)

底径 24cm

　　此大盆胎质灰白,平底。盆里施白釉,釉色白中泛黄。外施半截黑釉。盆底白地黑花绘游鱼水草图案,用笔灵动飘逸,生动形象。与现藏首都博物馆元磁州窑鱼纹盆相似,乃磁州窑代表作品。

元　磁州窑人物塑像（残）

13cm×10cm×3.5cm

　　元代磁州窑瓷器的胎质略粗，多灰黄色，施白色化妆土，釉白中闪灰黄，白釉黑花为其典型装饰方式。图中塑像在白釉上，以黑褐色彩描绘人物形象，气度非凡，豪迈彪悍，有元太祖成吉思汗神韵。虽残尤珍。

元 磁州窑黑釉贴塑花卉纹双耳炉

口径 6.5cm　高 9.5cm

　　汉文化崇尚黑色之美，黑色代表安宁、正直、无私之意象，有庄重、高雅、稳重之象征，也是一种永远流行的颜色。

　　此炉造型端庄秀美，长方形双耳，短颈鼓腹，三足，炉身贴塑圆形花卉纹，黑釉纯正光亮，施釉不到底，釉质肥厚，垂釉自然，乃元代磁州窑之精品。

元 龙泉窑青釉贴塑龙纹大盘(残)

直径34cm 底径12cm

　　折沿,弧腹,浅圈足,造型规整,足底中心有圆形釉斑,胎体厚重,器物硕大,工艺精湛。盘体满施青釉,呈半透明的青绿色,釉层肥厚滋润。盘心贴塑凸起的龙纹戏珠、云气纹及刻花纹饰。其贴塑龙纹直径有13厘米,龙体矫健凶猛,刻划流畅洒脱。图一元龙泉窑贴塑龙纹小盘龙纹直径仅4厘米,一大一小,相映成趣。此残盘与土耳其托普卡帕皇宫博物馆藏品相似,完整器被视为元代龙泉窑重器,高安博物馆、广东省博物馆均藏有同类器型。

图一

145

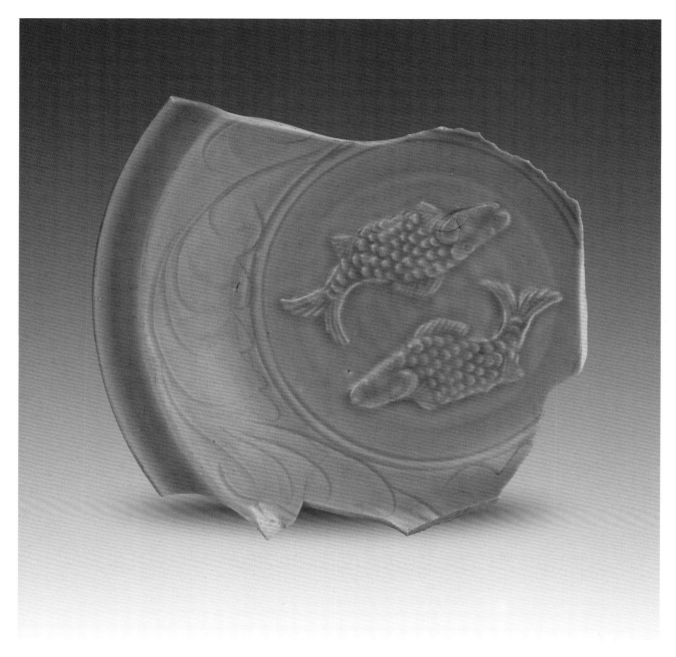

元 龙泉窑青釉贴塑双鱼大盘(残)

底径 12.5cm

　　元龙泉窑青釉贴塑双鱼盘或洗现存世较多,但尺寸都不大,大多数口径在 10～15 厘米。此残件,折沿弧壁,矮圈足,满施青釉,外壁刻莲瓣纹,内底贴塑头尾相逐大鱼一对,单尾鱼长达14 厘米,栩栩如生。如此大尺寸的龙泉窑双鱼盘实属罕见,虽残尤珍。

元 龙泉窑八卦纹香炉

口径 12cm　腹径 7.5cm

　　直筒形腹，口沿内凹，外壁刻八卦纹饰，下承三足加圈足，内外满施青釉，釉质肥厚润泽，釉色青翠如玉，造型端庄大气。

　　八卦纹样，《易经》释义象征天、地等自然现象，有驱邪避恶之意。宋王之望《以鼎炉遗关子东有诗相谢次韵》：赠君剑川八卦鼎，一饼清泉终日然。净几明窗读周易，妙看时炷不论钱。由此可见，八卦纹已成为香炉的常用装饰图式。

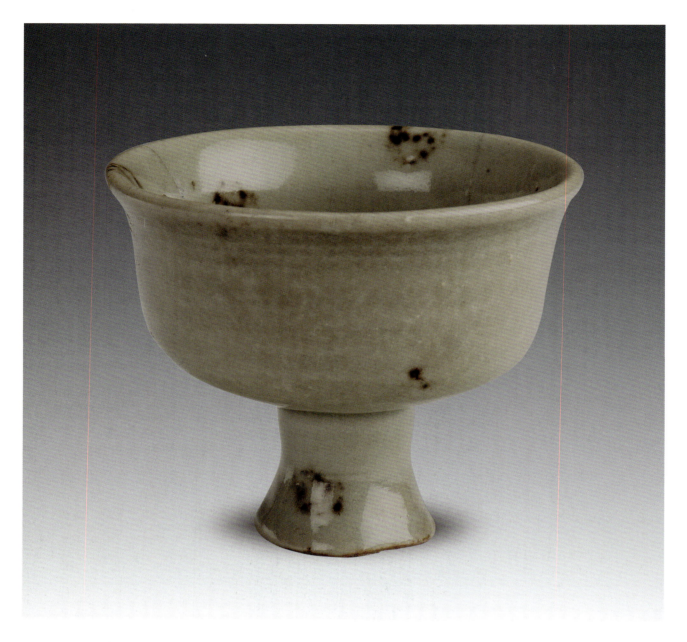

元 龙泉窑青釉点褐彩高足杯

口径 8.5cm 足径 3cm 高 7cm

　　高足杯亦称"马上杯""靶杯",酒器,元代尤盛。此杯口微撇,圆腹,曲腹近直,下呈锥状中空喇叭形高足。内外满施青釉,釉色匀净光亮,足底露胎,有火石红。与首都博物馆藏元青釉褐斑高足杯相似。口沿和内外壁及高足处,含铁较多的褐彩点缀其间,晕散自然,艺术气息浓郁。

元代早期道教兴盛，但八仙图案出现在酒杯上还较为少见。八仙过海题材可能与元代龙泉窑瓷器远洋外销有着密切的联系，寓含保佑货船平安到达之意。

北京保利国际拍卖有限公司，曾在2009年拍卖成交了一件元龙泉窑贴塑八仙人物梅瓶，其制作工艺相似。

元代瓷器贴塑、露胎、模印技法更加成熟。图一为元龙泉窑贴塑模印八仙人物满釉八角酒杯残件。图二为贴塑模印八仙人物露胎八角酒杯残件。图三为元湖田窑酒杯残片，一般贴塑工艺在酒杯外壁呈现，但此残片是在其内壁贴塑人物，极为罕见，值得玩味。

元 龙泉窑贴塑八仙人物酒杯残件

7cm×5cm 图一

图三

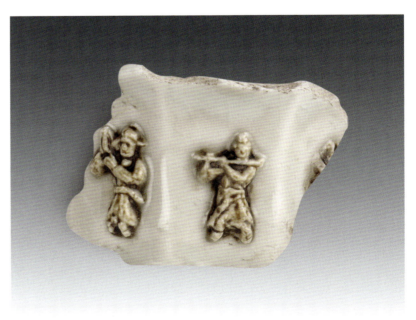

6cm×4cm 图二

元 龙泉窑青釉贴塑凤纹壶(残)

腹径9cm

　　宋元龙泉窑青瓷贴塑件的艺术品位和价值极高。此残壶凤首流口(残),流口下部贴塑凤纹羽毛,壶体四条瓜棱,并贴塑凤的双翅,流口对应部位为凤尾壶把(残),在壶把两侧贴塑凤尾羽毛(图二),底部有火石红(图一),与首都博物馆藏元青花凤纹扁壶(图三)和韩国新安沉船出水的景德镇窑白瓷凤形砚滴(图四)相似。其造型别致,端庄秀美,盈手可握,不可多见,虽残尤珍。

图一

图二

图三

图四

元 龙泉青釉剔划文字高足杯(残)

口径 12cm 足径 3.8cm 高 8cm

　　元代杂剧作家王实甫的小令《十二月过尧民歌·别情》语:怕黄昏忽地又黄昏,不销魂怎地不销魂。

　　元散曲作家赵君祥《折桂令》语:醒也销魂,醉也销魂。怯残春,又是残春,怕黄昏又到黄昏。此杯内文字为"怕到黄昏又怕黄昏至"。此语表达了古人怕夜晚的寂寞,更怕老年将至,抱负未实现的忧伤情绪。此残杯内心诗句是用竹刀在胎体上剔刻后,挂釉烧成,此手法、工艺实为难得,虽残尤珍。

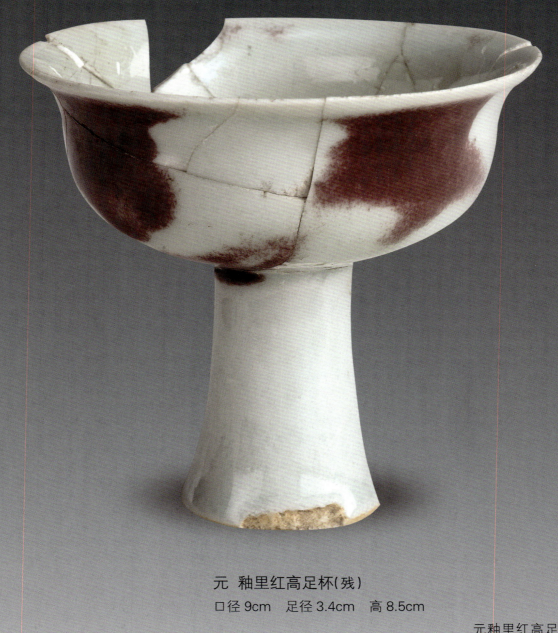

元 釉里红高足杯(残)

口径 9cm　足径 3.4cm　高 8.5cm

　　元釉里红高足杯存世较少，故宫博物院藏有元釉里红转心高足杯。此杯撇口，深腹，胎接高足，通体施青白釉，杯身随意涂抹不规则釉里红色斑。造型端庄秀丽，釉里红发色浓艳纯正，似湖上晚霞，晕散自然。此件虽残，但也珍稀，尤可藏也。

5.3cm×3.3cm 图一

元 釉里红瓷片

元釉里红瓷器是陶瓷史上的一次伟大创新,流传至今的元代釉里红瓷器稀少。釉里红的呈色剂是氧化铜,极易挥发,且对窑内气氛要求十分严格,稍不留意,颜色就会变化,或发黑,或烧飞变淡,成品率极低,可见它的艺术和收藏价值。图三、图四、图五中的瓷片虽小,但釉里红发色纯正,可作为元代釉里红瓷器的鉴定样本。更难能可贵的是有文字的元代釉里红瓷器,存世罕见。图二为高足杯残片,上书"海寿比"釉里红文字。而图一瓷片上则书写唐杜牧《秋夕》诗,残存文字为"夜色凉如水,织女星",全诗应为:银烛秋光冷画屏,轻罗小扇扑流萤。天阶夜色凉如水,卧看牵牛织女星。虽为瓷片,尤可珍也。

7cm×5cm 图二

11cm×5cm 图三

6.5cm×8.5cm 图四

7.5cm×5.5cm 图五

元 红绿彩高足杯心残件

足径 3.8cm　残高 5.5cm

　　红绿彩瓷是二次烧成的器物,色彩鲜艳,花卉纹、动物纹、景观纹居多,人物纹饰稀少。此件高足杯残件杯心画一高士席地而坐,手持高足杯畅饮的情景,可见元人性情豪放,与酒不可分也。

　　红绿彩瓷是元代景德镇窑烧制的特殊品种。20 世纪 80 年代中国硅酸盐学会出版的《中国陶瓷史》未作任何提及,其稀少状况可想而知。

元 生瓷春宫仕女粉盒

长 7cm 宽 5.3cm 高 2cm

　　春宫秘戏图，宋元、明清朝画片、瓷画等形式较多，多作压箱底的嫁妆，新婚洞房的教具。此粉盒应为下部，上部应为男士造型，惜遗失。其仕女瓷塑胎质细腻、洁白油亮，造型逼真，注重细节，充分展示了元代生瓷造像的艺术魅力。

元　素胎佛身像(残)

残高 12cm

　　王国维语:优美之形式,使人心平和;古雅之形式,使人心休息,惝恍于缥缈宁静之域。

　　此佛像庄严肃穆,法像庄严,有唐宋菩萨石像风韵。其身姿灵动,尽显雍华宝相。在颈项、腰腹、膝部三处做轻微起伏,整体呈 S 形,动态婀娜,衣帛层叠,披挂垂坠,风姿绰约,虽残尤珍。

元末明初　枢府釉模印五爪龙"公用"款高足杯

口径 13.3cm　足径 4.5cm　高 12cm

　　高足杯是元代较常见的实用器型，又称"马上杯"，与蒙古族人骑马游牧的生活习惯密切相关。元代创烧的卵白釉瓷是朝廷定烧的高档瓷品，其色白微青，呈半透明状，颇似鸭蛋壳色，故称之为枢府瓷，又称卵白釉瓷。此枢府高足杯为饮酒器，撇口深腹，高足外撇，其足实际是个把手，造型优美，杯体修胎超薄，胎骨坚实致密，胎土洁白细腻，满施卵白釉，釉层乳浊，呈鸭蛋壳青色，杯内模印清晰。五爪龙纹，其间有对应的"公用"二字。高档枢府高足杯一般有"福禄""福寿""太禧""枢府"等字样，但模印"公用"字样的高足杯极为罕见。

　　元朝封建等级制度最严格，五爪龙纹应为皇帝专用之纹饰，任何人都不能僭越。故此杯应为宫廷御用器。虽有裂纹，仍为珍宝也。

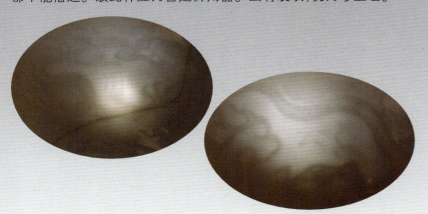

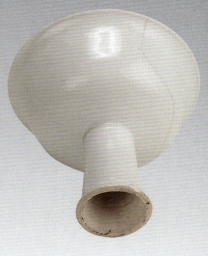

元末明初 龙泉窑公道杯(残)

足径 4cm 高 7.5cm

　　公道杯乃古代汉族饮酒器具,古代能工巧匠采用已掌握的虹吸原理制造而成。此杯中央立一老者,体内有一空心瓷管,管下通杯底的小孔,一旦水位高于瓷管上口,则水漏光,一滴不剩,讲究"恰到好处"即可。美酒虽好,不要贪杯啊。"知足者水存,贪心者水尽",也寓意办事讲求公道,公道自在人心。

元末明初 枢府釉刻划龙纹盘瓷片

14cm×10cm

　　枢府瓷刻划、模印龙纹形态多样。图中刻划飞龙纹与传统龙纹有所不同，三爪，龙头雕刻凶猛威武，有宋代遗风。图一、图二为枢府瓷片，其内外两面模刻了三爪龙纹，且两龙头刻划各异，内面还印一"禄"字，难能可贵，值得研究欣赏。

6cm×5cm　图一

图二

元　龙泉窑青釉立狮香薰盖　图一
直径 8.5cm　高 8cm

元　磁州窑白地褐彩狮形瓷塑　图二

南宋　湖田窑狮形瓷塑

图三

图四

狮形瓷塑一组

　　陶瓷雕塑是三维立体艺术品,其时代特征、工艺造型、烧制温度、胎土釉色都比普通瓷器要求高得多,可谓"凤凰涅槃"。此一组狮形瓷塑,表现了唐狮之霸气威严,宋狮之祥瑞勇猛,元狮之凶悍善斗,真是异彩纷呈,各领风骚。

唐 黄釉立狮瓷塑 图六

11cm×6.5cm

宋 绿釉香薰盖 图五

宋 湖田窑狮首 图七

唐 相州窑狮形瓷塑玩具 图八

宋 宋 宋

北宋 北宋 北宋

南宋 南宋 南宋

头像瓷塑一组

　　艺术之始,雕塑为先。人物瓷塑更是雕塑艺术的巅峰,其艺术魅力光芒四射。人物瓷塑的艺术风格取决于各朝各代的审美取向和地域风情,写实与写意结合,千姿百态,彰显神韵,充分反映了当时的人物特征和形象。

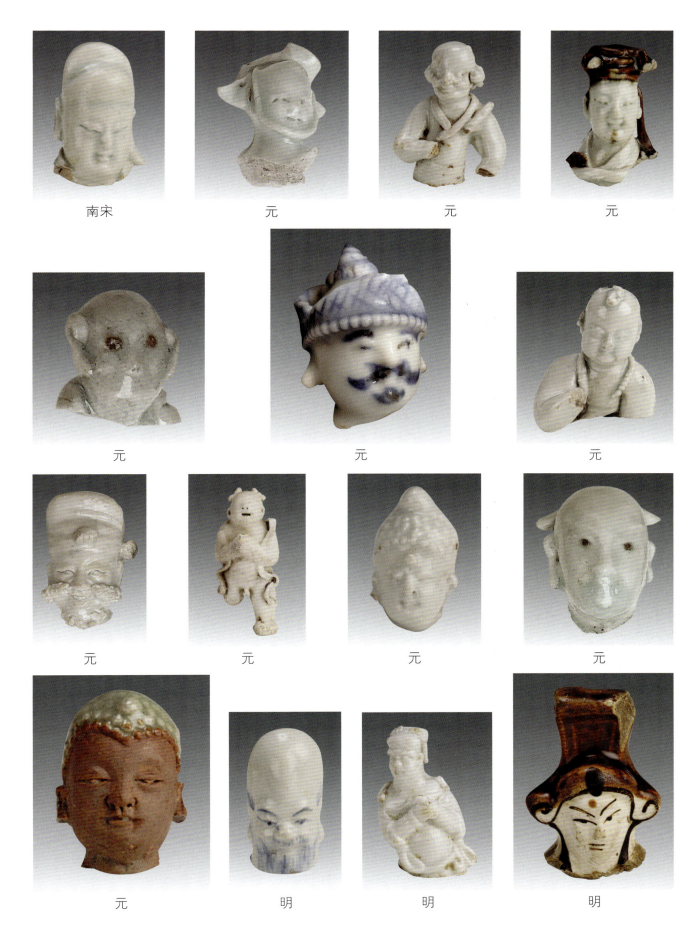

南宋　　　　　元　　　　　元　　　　　元

元　　　　　元　　　　　元

元　　　　　元　　　　　元　　　　　元

元　　　　　明　　　　　明　　　　　明

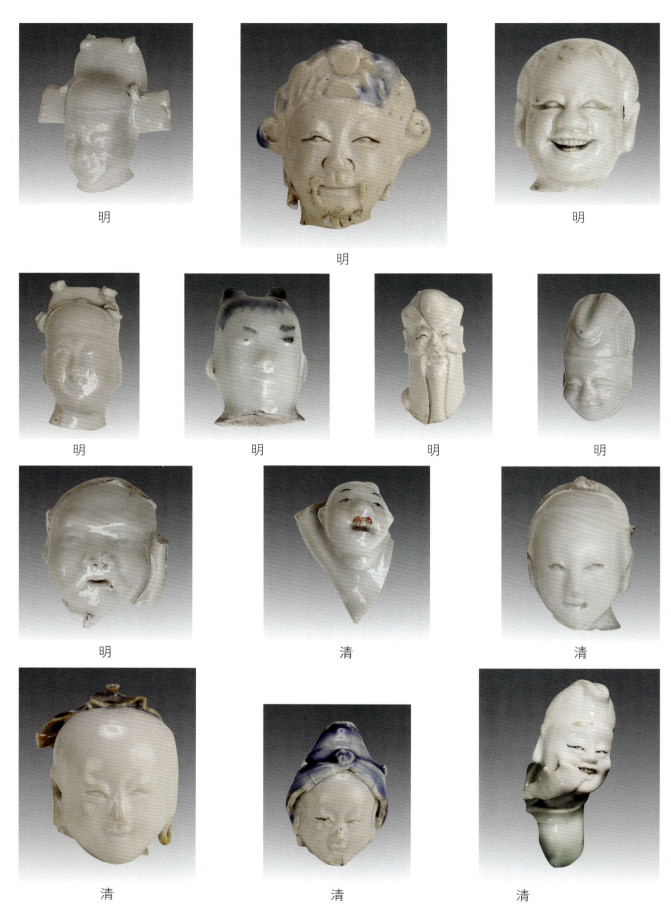

明

明

明

明

明

明

明

明

清

清

清

清

清

瓦当一组

　　各个朝代、不同时期的瓦当有不一样的图案纹饰,有云头纹、几何纹、饕餮纹、文字纹、动物纹等,已成为一个收藏门类的精美艺术品,属于中国特有的文化艺术遗产。图中所示瓦当的图案较为稀少,特别是晚唐鸳鸯对鸟瓦当,"鸳鸯瓦冷霜华重,翡翠衾寒谁与共"。唐白居易《长恨歌》诗中提到了鸳鸯瓦当,值得研究收藏。

南唐 玄武纹瓦当
当面直径 17cm

三国 人面纹瓦当
当面直径 13.5cm

元 一把莲纹瓦当
当面直径 13.5cm

晚唐 对鸟瓦当
当面直径 15cm

明洪武 瓷砖

长 40cm　宽 19.5cm　厚 11.5cm

　　明代皇帝朱元璋曾下令在今江西、江苏、安徽、湖北、湖南、上海六地烧造明城墙砖。铭文上出现的州县达 180 多个,这些城砖被称为"官砖"。在众多青灰色的城砖中,宜春县烧造的一种瓷白色的城砖,质地洁白如玉,铭文楷体工整,字体清晰隽秀。正面楷体阳文:总甲汤志,甲首杨右贵甲王存成窑匠钱才四造砖人夫徐英三。侧面楷体阳文:袁州府提调官通判隋赟司吏任俊宜春提调官主簿高亨司吏陈廷玉。从文字表述来看,其负责督造的官员、小吏、窑匠、造砖人一律实名制,印制在砖面上,便于督办和问责,其严苛可见一斑。据考证,宜春白砖黏土氧化镁和氧化铝含量较高,氧化铁含量较低,所以烧成后呈色为白色。这种独特的白色城墙砖被誉为"玉砖",成为城砖中的珍稀品种,弥足珍贵。

明永乐 黄釉五爪龙纹圆形瓦当

当面直径 16cm

　　金陵大报恩寺是明清时期中国的佛教中心,其琉璃宝塔为中世纪世界七大奇迹之一,被西方人视为代表中国文化的标志性建筑之一。明代时与灵谷寺、天界寺并称为金陵三大寺。明永乐十年(1412)在原有的寺庙遗址上重建,完全按照皇宫的标准来营造。此上瓦当、下滴水可能是大报恩寺琉璃塔构件,官窑烧造。大报恩寺琉璃塔是明成祖朱棣为纪念其生母所建,九层琉璃宝塔,按照宫阙规制由郑和和汪福担任监工官。明万历二十八年(1600),塔心木腐朽而倾斜,太平天国期间毁于战火。相传建造该塔时,曾一式烧制三份琉璃构件,一份用于建塔,两份埋入地下便于修缮替换。此黄釉瓦当和绿釉滴水,五爪龙纹凸起,龙形威武勇猛,皇家气派十足,虽残尤珍。

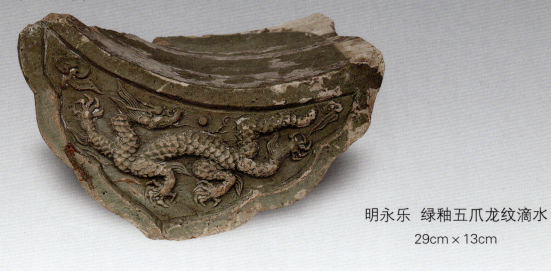

明永乐 绿釉五爪龙纹滴水

29cm × 13cm

明景泰 青花云气纹碗(一对)

口径 15cm   高 8cm

　　明代统治者对道家的神仙学说非常推崇,在瓷器图案上,就出现了海水仙山、云中楼阁等纹饰,寓意得道升仙、长命富贵。

　　明代正统、景泰、天顺时期,青花瓷盛行以流云为背景。此对碗造型规整端庄,青花用料采用的是乐平的平等青,发色蓝艳并有黑色结晶斑,碗外壁所绘云气仙阁,用笔老辣厚重,注重神似,其云纹呈灵芝形,日本陶瓷界称之为"云堂手",碗心绘"月华纹"。成对不易得,值得收藏。

明成化 青花婴戏图碗(残)

口径12cm 足径6.5cm 高7cm

瓷器上绘刻的婴戏图案源自唐代，发展于宋代，至明清达到巅峰。婴戏纹暗含祝福之意，祈求多子多福、人丁兴旺、子孙万代、和谐美满、家业繁盛。因成化帝朱见深非常喜爱小孩，故成化瓷器上的婴戏尤为精美，成为青花婴戏纹的代表作，得到世人认可。成化青花所用青花料为"平等青"，亦称"陂塘青"，色泽淡雅，釉面清润，蓝中泛青，所绘婴戏笔触细腻传神，画面生活气息浓郁。因传世整器较少，能得一残瓷足矣。

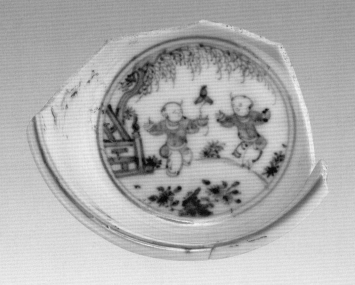

明嘉靖 青花线描高士人物瓷片

足径 6.6cm　12cm×8.5cm

　　明代嘉靖朝瓷器开始施行官搭民烧制度，民窑精品青花瓷与官窑青花瓷质量和青花发色不相上下。嘉靖青花料多使用西域回青料，色泽浓艳泛紫，俗称"蓝墨水"。从现有资料来看，嘉靖青花人物多在碗、罐、瓶器型上出现，人物绘制尺寸不大，且绘画人物写意居多。该青花瓷片，卧足，工笔绘画，线描加平涂，线条流畅，造型准确，生动传神。与图一明代空白期青花高士云游图盘瓷片的高士写意画法形成鲜明对比。其青花发色泛蓝紫，其间有结晶"蓝墨水点"，古意盎然，真乃大师手笔。

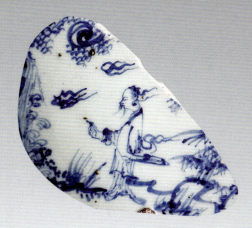

图一

明嘉靖 青花庭院婴戏图大罐瓷片

13cm×8cm

　　瓷器上的婴戏纹最早见于唐长沙窑釉下褐绿彩婴戏莲纹。明嘉靖青花婴戏纹是明代瓷器的典型纹饰图案。此青花童子瓷片，回青料，发色蓝紫亮丽，浓翠欲滴。胎质细密厚重。画面描绘的是庭院内童子看书嬉戏的场景，构图巧妙，动静相宜。童子面部和手线描，眉目传情，细致入微。衣服、桌椅、花草等青花线描平涂，装饰繁华，令人回味。此瓷片的图案与佳士得香港有限公司2019年5月29日拍卖的大罐和印第安纳波利斯博物馆藏明嘉靖青花庭院婴戏纹大罐极其相似。虽管中窥豹，但足可想象整器之精美，是嘉靖朝婴戏纹瓷器的扛鼎力作。

明嘉靖 景德镇窑蓝釉刻花龙纹碗瓷片

足径 7.8cm

    酱釉口沿、斜腹、圈足,足底无釉,有跳刀痕和垫烧痕迹,无款。内外壁满施回青蓝釉,釉色均匀透亮,内壁锥刻云龙戏珠纹,清晰可见。其整器非常罕见,北京故宫博物院、上海博物馆以及大英博物馆收藏的整器(图一),与图中瓷片的纹饰一模一样。整器现虽无缘上手鉴赏,但瓷片却可随时赏玩,窥一斑而知全豹,不亦乐乎。

图一

172

明嘉靖 青花高士抚琴图碗底瓷片

足径 5cm

　　卧足,胎质致密,回青釉料,发色纯正。描绘高士抚琴,仙风道骨,生动传神,悠闲自得之气息跃然而出,仿佛听见"高山流水"之琴曲,寻觅知音之情,感人至深。

明嘉靖 青花才子佳人图盘瓷片

12cm×9cm

　　回青料,画工精致,线条流畅,构图严谨,有太湖山石、翠竹回廊、亭台楼阁、才子佳人……画面表现的可能是南宋陆游和唐婉的爱情故事,青春年华的陆游与唐婉都擅长诗词,常借诗词倾诉衷肠。图中再现了陆游在禹迹寺沈园偶遇唐婉,花前月下,吟诗作对,题诗唱和,眉目间洋溢着幸福和谐的美好场景,令人遐想。

明嘉靖 景德镇窑蓝釉刻麒麟纹执壶瓷片

10cm × 9cm

　　明嘉靖景德镇窑麒麟纹执壶,乃明代宫廷御用瓷器,完整器现藏北京故宫博物院。图中所示乃其腹部桃形开光内刻露胎麒麟云纹,蓝色釉地衬托出红褐色的纹饰,颇显立体效果。

明嘉靖 景德镇窑蓝釉贴塑蟠螭纹玉壶春瓶残件

残高 10cm

　　图中所示为蓝釉贴塑露胎蟠螭纹玉壶春瓶上半部残件。颈下端贴塑蟠螭泛火石红,头上尾下,呈爬绕状,造型与壁虎相似。和美国收藏家安思远收藏的一对通体白釉贴塑蟠螭纹玉壶春瓶如出一辙,极为相似。图一为同时期另一造型的白釉贴塑蟠螭纹玉壶春瓶残片。火石红的蟠螭纹与蓝釉瓶身形成强烈的视觉色差冲击,少见,可遇不可求也。

图一

明万历 青花釉里红瑞兽荷花纹瓷片

底径 7cm 11cm×10cm

　　荷花有着圣洁、吉祥、富贵的寓意。此瓷片画意有点特别,画中釉里红的荷花盛开在青花的瑞兽上,可能是表现"富贵长寿"之意,实不多见,令人遐想。

明万历 豆青釉出戟尊(残)

腹径 11cm 底径 8cm 高 17cm

　　出戟尊又称扉棱尊,北宋始烧,流行于明,仿古青铜器造型。元代景德镇青花尊,仅腹部四面饰有扉棱。明正德以后有些尊的颈、腹、足四面饰对称的扉棱,万历朝也有六面饰扉棱的做法。此尊口沿残损,颈部内收,鼓腹,下接喇叭形,圈足,四面有扉棱。满施豆青釉,暗刻缠枝花卉万字纹,乃尊中精品。

明万历 时大彬款紫砂壶底片

8cm × 4cm

  时大彬是明万历年间制壶名家。他时常游走于文人雅士之间,文化修养日积月累。其制作的紫砂壶陶土考究,造型简洁,典雅质朴,质地温润,壶盖和壶口严丝合缝。炼泥时掺进适量的粗砂以增强其成型稳定。这种"掺砂法"是时大彬首创的。现有传世或出土的大彬壶,其共同特点是紫泥中含有未烧熔的云母颗粒,说明烧成温度尚未达到后代的高度,也是鉴别真假大彬壶的显著标志之一。其款识均为阴刻楷体"大彬仿古""大彬""时大彬制"等。刻款时,下刀时重,起笔方而锐,字体端庄,笔画干净,规整洒脱。该片是"时大彬制"模印款壶底残片,紫砂上有云母颗粒,由此可见一斑。

  图一为清紫砂"荆溪邵正来制"款底部。邵正来,清代嘉庆、道光年间制壶名家,其传世作品相当稀少。此紫砂阳文篆印,典雅大气。可作杯垫,古为今用也。

底径 9cm   图一

明 素三彩香炉

口径 10cm 高 16cm

　　明代素三彩是在唐宋三彩的基础上发展而来,逐步以素烧瓷胎替代素烧陶胎。民国初年许之衡在《饮流斋说瓷》中提到:茄、黄、绿三色绘成花纹者谓之素三彩。此香炉,山西窑口,造型规整,端庄秀美。双耳,三足,绿釉为地,釉面润泽,光亮如新。口沿贴塑八星螺髻,腹部贴塑牡丹花纹,黄色为叶,黄白为花,花心以茄色点缀,富贵气象。

底径 6cm　高 23cm　图一

明　白釉送子观音瓷塑(残)

残高 14cm

图二

　　观音菩萨是佛教四大菩萨之一，大慈大悲，能以种种方便满足众生的需求。送子观音是民间崇拜的佛教神祇，是保子嗣繁衍延绵的菩萨。明代白釉送子观音瓷塑，简洁大方，以线条刻划胜。图一清白釉送子观音瓷塑，工艺繁缛，以装饰表现胜。图二金代红绿彩送子观音瓷塑，大俗大雅，以色彩鲜艳胜，各有千秋。

明晚期 青花五彩蝴蝶纹小碗残件

足径 3cm

　　青花五彩是以釉下青花作为一种色彩与釉上多种彩相结合的瓷器装饰技法，由成化斗彩发展而来，盛于明嘉靖、万历朝。

　　此残件外壁口沿处绘制一圈青花五彩缠枝花卉，主体纹饰为蝴蝶穿花图案，底款为青花"大明嘉靖年制"寄托款。青花与红、黄、绿等釉上彩组成的蝴蝶，色彩斑斓，栩栩如生。蝴蝶飞舞美丽田园的情景，让人感觉温暖，富有生活情趣，虽残尤珍。

明晚期 青花文字小酒杯底瓷片

底径 3.5cm

　　晚明的书法,受明中晚期书法家祝允明、文徵明、唐寅、王宠等人的影响,书法以尚态为品质,代表人物有董其昌、张瑞图、黄道周、王铎等书家,以帖学为宗,追求笔法流畅,侧锋取势,放浪形骸,个性彰显,文人逸兴,尽显风流,书法影响深远,人人追捧。书法在晚明瓷器上时有表现,喜爱之情,可见一斑。瓷器上文字的书写者,都有一定的书法功底。有可能是当地小有名气的书法家或书法爱好者,也不排除是官宦之家和富庶府第请著名书家在瓷器坯胎上书之,再请窑厂私人订制。这样既实用,也可以传家和赏玩。此小酒杯底,"大明成化年制"民窑寄托款。在杯内不到4厘米的空间内,书写晚唐诗人薛莹诗:落日五湖游,烟波处处愁。浮沉千古事,谁与问东流。薛莹,著有《洞庭诗集》,《全唐诗》收录其近10首诗,其诗风流满伤感,所作多表现隐逸生活。瓷片上书法布白疏密有致,章法井然,线条流畅又不失老辣苍劲,有祝允明遗风。青花浓淡相宜,实属不易,虽残尤珍。

明晚期 紫砂双螭龙纹器盖

5.2cm×4.5cm

　　明代紫砂器皿多为光素器型,花器及雕刻塑件较为少见。明代紫砂泥料颗粒较粗,此盖似中槽泥,呈色偏红紫,手工捏雕而成,可能是香薰盖或蟋蟀虫具盖,上面镂雕两条螭龙相互追逐,生动拙朴,可赏心把玩。

明崇祯 青花裴休白鹿典故盘心瓷片

足径 5cm　口径 10cm

　　据明《一统志》记载：唐代名相裴休贬任荆南节度使时，曾来益州，在古木葱郁的江边山上小住。裴休博学多能，喜欢佛学，每每夜深人静之时，在山中秉烛夜读。朗朗的诵经声，引得一只白鹿驻足聆听，虔诚之至。每晚只要经声诵起，白鹿则应声而至。一天晚上，白鹿听经的秘密被人发现，仙机泄露，再也不见白鹿复来。唐代佛教徒认为白鹿驻足听经之地，必是风水宝地，遂命名白鹿山，并在山下建了一座庙，名曰白鹿寺，香火旺盛。此青花瓷片，卧足，"大明成化年制"双圈款（应为寄托款），图案画意完整，笔法细致，生动传神，给我们再现了这一典故，耐人寻味。

明末清初 仿永乐青花压手杯残件
足径 3.9cm 高 5.2cm

　　压手杯是明永乐朝创制的瓷杯，由景德镇御窑烧制。撇口、直壁、圈足，平切底。压手杯胎厚、重心下移至杯底，手握杯正合虎口，给人舒适稳妥的感觉，很是惬意。明人谷应泰《博物要览》一书提到压手杯底的绘画样式：中心画有双狮滚球，球内篆书大明永乐年制六字或四字，细若米粒，此为上品。鸳鸯心者次之，花心者又次之也。据现有资料考证，带有永乐年款的青花压手杯，仅故宫博物院收藏有三件。此压手杯残件，杯心绘有双狮滚球纹饰，球内篆书"永乐年制"四字款。外壁口沿绘朵梅一周，腹部饰缠枝莲纹，足上有卷草纹一圈。绘画细腻，发色幽蓝，虽为残件，但存世仅见一二，弥足珍贵。

清康熙　青花凤穿牡丹纹饰

清康熙　青花山水纹饰

明万历　青花鱼藻纹饰

清康熙　青花麒麟猛虎纹饰

明嘉靖　青花鱼藻纹饰

明空白期　青花双狮盘球纹饰

明清 青花瓷器纹饰一组

明清时期青花瓷器的纹饰、呈色各有千秋，从图中所示瓷片可见一斑。

青花釉里红俗称"青花加紫"。青花以钴料为着色剂配制色料,釉里红以铜的氧化物为着色剂配制彩料。其成品青花幽蓝雅致,釉里红艳丽秀美,相辅相成,相互映衬,相得益彰。因烧制难度很大,存世成品较少。图中所示明清青花釉里红瓷纹饰,可见一斑。

明清 青花釉里红瓷器纹饰一组

　　斗彩又称逗彩,是釉下彩青花与釉上彩相结合的装饰品种。其绚丽多彩的色调,填点覆染的色彩,精心设计的画面,繁简结合的布局,夺人眼球,震人心魄。图中所示清斗彩瓷纹饰一组,可见争奇斗艳。

清　斗彩瓷器纹饰一组

清康熙 青花婴戏图瓷片

直径 9.5cm

　　康熙青花瓷器,其青料为"珠明料",呈色鲜蓝青翠,明净艳丽。康熙朝青花在瓷器上呈现五个层次,如同墨在宣纸上变化,即头浓、正浓、二浓、正淡、影淡,艺术手法独树一帜。婴戏图是康熙时期瓷器上使用较多的纹饰,象征多子多福,生活美满。此瓷片的婴戏以工笔画的手法绘制,人物形态各异,动静结合,细腻逼真,活泼可爱。图一为清康熙五彩童子持莲纹,其画法工写结合。图二为明万历红绿彩婴戏图,其画法则为大写意,以红绿色彩的强烈对比,表现大俗大雅的艺术风格。

图二

图一

清康熙 青花龙马纹盘瓷片

足径 9.5cm

  龙马是指古代传说中像龙一样的骏马。《尚书》中记载：伏羲王天下，龙马出河，遂则其文以画八卦，谓之河图。龙马是黄河的精灵，是炎黄子孙的化身。《周易·乾卦》有语：天行健，君子以自强不息。龙马精神代指中华民族自古以来所崇尚的奋斗不止、自强不息、进取向上的民族精神。此瓷片绘画龙和马在海水上龙腾马跃的纹饰鲜见。有兴旺发达之象，也寓龙马精神之意。

清康熙　青花荷莲纹小盏残件

底径 3.5cm

　　此小盏内底青花留白，在 5 厘米左右的空间精工绘制莲子、荷花、莲叶纹饰，缠枝莲花繁而不乱，层次分明，清雅迷人。底款"大明嘉靖年制"为寄托款，俗称官仿官。青花发色浓翠，蓝中泛紫，美丽娇艳，乃康熙时期青花瓷中精品，虽残尤珍。

清康熙　青花牧羊图烛台残件

口径 14cm　足径 5.8cm

　　唐代传奇小说《柳毅传》中描述，柳毅路遇牧羊女，帮其送信到洞庭，后方知此女乃洞庭龙女，而柳毅也因此当上了乘龙快婿。龙女所牧也非普通羊，那叫"雨工"，是负责行雨的神兽，寓意风调雨顺、万事如意。此瓷器残件，乃康熙民窑青花瓷器之精品。胎质细腻，造型独特，釉面光亮。青花珠明料，发色娇艳青翠。牧羊女和羊工笔描绘，生动传神，两只燕子上下翻飞，顾盼相依，配景工写结合，构图精妙，再现了这一神话故事，令人神往。

清康熙 青花美人执扇纹盏(残)

直径 13cm　底径 6cm

　　景德镇窑。敞口,圈足,胎质细致,有"糯米胎,泥鳅背"特征。白釉微闪青,釉面莹润,器外光素。青花珠明料,呈色娇艳青翠,艳而不俗。青花分水皴染,层次分明。器内青花绘制一仕女执扇坐在几凳上,右腿跷左腿,左臂搁在石几上,怡然自得。石几后面几竿竹子随风摇曳,沙沙作响。两只蝴蝶相逐嬉戏,引得美人注目微笑……优哉游哉,逍遥自在,好一幅美人纳凉图。人物配景工写结合,神采为上。虽为民窑,但属康熙时期青花瓷器之精品。

清康熙 青花山水纹盘瓷片

11cm×11cm

　　康熙时期青花山水纹饰,在碗、盘、瓶等诸多器型上都有呈现,是康熙朝典型纹饰之一,披麻皴法山水乃其首创。此片虽小,但山石、树木、飞鸟、流水、亭台、楼阁等山水画元素都一一展现,构图疏密有致,线条瘦劲老辣,青花发色青翠,色阶晕染自然,可作为康熙青花山水纹饰之典范。

清康熙 郎绿花觚(修复)

口径 5.8cm 足径 4cm 高 10.5cm

　　清代康熙中期，郎廷极创烧著名的"郎窑绿"，其釉有湖绿、苹果绿、松石绿等。郎窑绿瓷器传世稀少，据资料记载，在康熙年间郎窑绿比郎窑红贵重数倍。此件花觚为修复件(口残)，器型典雅，釉层轻薄，釉色淡绿，釉面呈玻璃的光泽，细看釉下小气泡密集，器足处有一圈不过足垂釉，即"郎不流"，口沿有一圈明显粉白釉，即"灯边草"，郎窑绿特征较明显。可闲时把玩。

清雍正　青花锥刻龙纹瓶(修复)

底径 5.3cm　高 18.5cm

　　此瓶制作工艺罕见,尚未见记载。其制作流程可能是:拉坯成形的瓶体修坯后,在凉坯未干透前,在瓶身上锥刻五爪龙纹、火焰纹和云纹,然后施含钴的釉料,其龙纹等图案因刻划有凹槽,釉料沉淀其中,最后经高温还原焰一次烧成,所以瓶上五爪火焰云龙纹,呈青花色,而釉面呈鸭蛋壳青色。

　　图一中晚明杯底上有"永乐年制"篆书锥刻款,其工艺和此瓶如出一辙,在灯光下既见刻划文字,又见青花发色,非常难得。据专家考证,此瓶乃清雍正无款官窑精品,虽残尤珍。

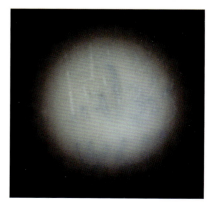

足径 3.3cm　　图一

清乾隆　霁蓝釉描金龙纹盘

直径 15.3cm　足径 8.5cm

　　敞口、弧腹、圈足,有"大清乾隆年制"民窑款,盘型规整,胎质致密,盘边施酱釉口,盘内施霁蓝釉,内饰描金正面云龙纹,金彩烁烁,有皇家气象。

清乾隆 青花仿青铜器尊

口径 14cm　底径 14.5cm　高 31cm

　　乾隆青花瓷以纹饰繁密、染画工整、造型新奇取胜。此尊仿青铜器造型，胎质坚致细腻，釉质光洁如玉，青花发色亮丽。肩部有兽耳衔环，尊体有十层青花纹饰，上部由上至下为海水纹、变体蕉叶纹、回纹、云蝠纹、海水纹；中部纹饰风格取自青铜器，绘夔龙纹和兽面纹；下部由上至下为海水纹、变体莲纹、卷草纹、花卉纹，纹饰繁而不乱，章法井然，虽为民窑产品，但有官窑气象。

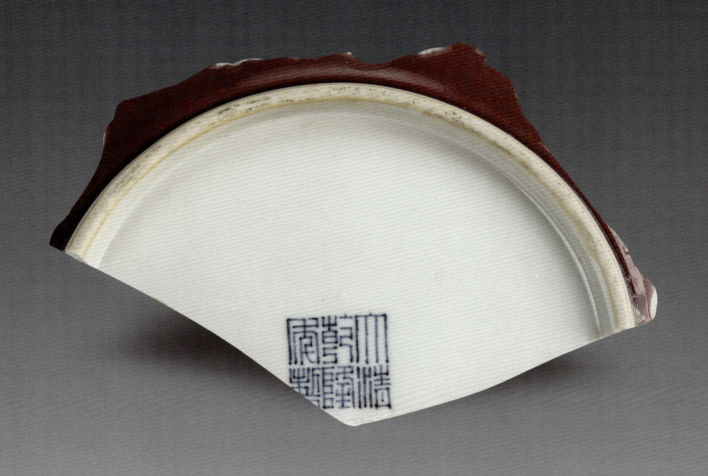

清乾隆 红釉盘瓷片

足径 13cm

　　霁红釉又称宝石红釉、醉红釉，是明朝宣德年间创造的著名铜红釉品种，霁红釉瓷器非常珍贵，是瓷器中的精品。

　　此片乃清乾隆官窑霁红釉盘瓷片，其胎质细腻致密，釉色醉红深沉，釉面光洁润泽，青花深入胎骨，款识书写规范，虽为残片，尤可宝之。

清 紫金釉童子拜观音瓷塑

15cm×7.5cm

　　此童子瓷塑立件,形体写实,前额饱满,后脑浑圆,双髻发式,脸部雕刻细致传神,上眼睑突起,蒜头状鼻头,大耳贴面颊,双手合十,裤腿宽松,蝴蝶结束带飘逸,衣褶自然流畅,立体感较强,充分体现了清代瓷塑的艺术魅力。

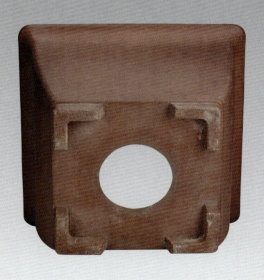

清中晚期 紫砂花盆

长 33cm 宽 33cm 高 21cm

　　此花盆有明代紫砂花盆遗风，呈正方形状，器物素面大气，形体端庄典雅，朱泥颗粒饱满，呈色深沉泛紫，口沿起线硬朗，乃不可多得之佳品。

清晚期 紫砂挂釉罐

口径 11cm 底径 15cm 高 24cm

　　紫砂质地,莲纹披肩,罐体薄施酱釉,其中部有暗印龙纹隐现,有神龙见首不见尾之妙,乃贮茶之佳器。

后　记

　　《三缘堂藏瓷集萃》一书,在各位瓷友的千呼万唤和我的多年期盼中,终于出炉了。中国古陶瓷博大精深,窑口众多,品种繁杂,我虽收藏古陶瓷18年左右,但还算是个新兵。一路走来,从青花瓷片入手,慢慢进入古陶瓷的世界。自己在理论学习中感知感悟,在实践探索中摸爬滚打,在古玩市场上辨伪淘宝,在"吃药"中成长,在"打假"中识真,慢慢积累了一些知识和经验。

　　"纸上得来终觉浅。"我认为,古陶瓷收藏光看书本、图录还不行,必须对比标本、考察窑址、广泛交流,标本是最好的老师。要多到博物馆看真品,研究各个朝代瓷器的器型、胎釉、纹饰等特点。要多向行内专家请教释疑,多听学者讲解分析,多到市场实战历练,这样才能学到真本领。出版此书的初衷,是对自己的收藏经历作一小结,迫使自己沉下心来,对收藏的古陶瓷(包括残器、瓷片)进行整理、归类、论证,这也是一个系统学习的过程。我希望此书能为广大古陶瓷爱好者提供借鉴的资料,并为自己今后的收藏明确方向。

　　此书得到了国家文物鉴定委员会委员、南京博物院研究员、著名古陶瓷鉴定专家张浦生先生,南京大学历史学院教授、博士生导师、南京大学文化与自然遗产研究所所长贺云翱先生,著名古陶瓷鉴定专家钱伟鹏先生,中国古陶瓷学会常务理事、江苏省古陶瓷研究会副会长、著名古陶瓷玉器鉴定专家朱戢先生等专家、学者的悉心指导和关心,也得到了扬州著名文化学者、扬州双博馆名誉馆长顾风先生的肯定和支持,还得到了路侃、朱鹿、冯迅、梁剑铭、孙祥庆、徐宝珠、昌红才等老师、瓷友的热心帮助。特别是妻子的鼓励和家庭的理解,给了我莫大的动力和信心,在此一并表示诚挚的谢意。随着古陶瓷学术研究的新发现、新考证,该书的相关表述存在错误在所难免,真诚地盼望各位专家、学者、老师和广大瓷友们多提宝贵意见。

图书在版编目（CIP）数据

三缘堂藏瓷集萃 / 宋凌晨著.—— 南京：江苏凤凰
美术出版社，2020.8
ISBN 978-7-5580-7720-3

Ⅰ.①三… Ⅱ.①宋… Ⅲ.①古代陶瓷—中国—图录
Ⅳ.①K876.32

中国版本图书馆 CIP 数据核字（2020）第 144195 号

责任编辑	王左佐
特邀编辑	徐伟萍
助理编辑	孙剑博
版面设计	丁　敏　　戚丽娟　　宋凌晨
封面题字	姜桂林　　钱伟鹏
摄　　影	王晓涛　　蒋光意　　吴高龙　　宋凌晨
责任校对	刁海裕
特邀校对	叶伯瑜
责任监印	张宇华

书　　名	三缘堂藏瓷集萃
著　　者	宋凌晨
出版发行	江苏凤凰美术出版社　　（南京市中央路 165 号　　邮编：210009）
出版社网址	http://www.jsmscbs.com.cn
印　　刷	扬州市嘉成印刷有限公司
开　　本	889mm×1194mm　　1/16
印　　张	13
版　　次	2020 年 8 月第 1 版　　2020 年 8 月第 1 次印刷
标准书号	ISBN 978-7-5580-7720-3
定　　价	260.00 元

营销部电话　025-68155667　营销部地址　南京市中央路 165 号
江苏凤凰美术出版社图书凡印装错误可向承印厂调换